Jetzt liegt es vor Ihnen, das
„Schnapsbuch" der Kräuterhexe
aus Sternenfels. Wenn Sie nun
noch im Besitz der beschriebenen, notwendigen Gerätschaften,
der Kräuter und vor allem des
richtigen Alkohols sind, können
Sie ab sofort mit der Produktion
Ihrer eigenen Kräuterspezialitä-
ten beginnen.

Die meisten unter Ihnen werden
sich aber zunächst einmal ge-

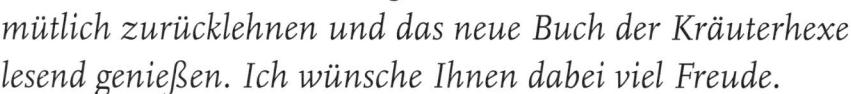

mütlich zurücklehnen und das neue Buch der Kräuterhexe
lesend genießen. Ich wünsche Ihnen dabei viel Freude.

Ihre

Gabriele Bickel
Gabriele Bickel

Gabriele Bickel

Liköre und Schnäpse von der Kräuterhexe

▶ Kräuterweine,
Edelstein-Elixiere und
andere Köstlichkeiten

Kosmos

Inhalt

Inhalt

Die in diesem Buch besprochenen und dargestellten Produkte sind Erzeugnisse der Kräuterhexe aus Sternenfels. Ein Großteil davon ist in ihrem Hexenladen erhältlich.

Galerie aktiv der Kräuterhexe aus Sternenfels
Frau Gabriele Bickel
Maulbronner Straße 10
75447 Sternenfels
Tel. / Fax: 0 7045/40 00 47
Homepage: www.kraeuterhexe.de

Sternenfels im Enzkreis liegt im Stromberggebiet am Rande des Kraichgaus an der Achse Pforzheim–Maulbronn–Heilbronn

Vorwort

In meinen bisher erschienenen Werken habe ich immer wieder auch Rezepturen für Heilschnäpse, Elixiere und Liköre mit einfließen lassen. Nun habe ich jedoch auf Grund vieler Ihrer Zuschriften, für die ich mich übrigens herzlich bedanke, den Eindruck gewonnen, dass es einer ganzen Reihe meiner Leser noch etwas zu wenig war. Man will mehr wissen über die Zubereitung solcher Kräuterhexenspezialitäten. Ferner steigt die Nachfrage nach einer Belieferung mit meinen „fertigen" Hexentränken ständig, obwohl ich aus verpackungstechnischen Gründen keine Flüssigkeiten verschicken kann. Ich habe mich daher dazu entschlossen, für alle „Schnapsbrauer in spe" ein eigenes Buch zu schreiben, damit es einfacher ist, sich selbst ans Werk zu machen.

Da es mir persönlich sehr wichtig ist, Ihnen über die reinen Rezepte hinaus auch einige Hintergrundinformationen zu vermitteln, erfahren Sie so einiges über die Entstehung und die Geschichte des Alkohols. Die einzelnen Alkoholarten werden ebenso besprochen wie die Gefahr des Alkoholmissbrauchs, der weltweit immer noch für viel Leid und Elend sorgt. Die einzelnen Gerätschaften, die zur Herstellung von alkoholischen Auszügen notwendig sind, werden ebenfalls erwähnt, desgleichen die Grundzutaten wie Kräuter, Gewürze und Früchte. Dass sich das Thema Heiltränke nicht nur auf rein pflanzliche Auszüge bezieht, erfahren Sie im Zusammenhang mit den Edelstein-Elixieren und dem Einsatz von ätherischen Ölen bei der Herstellung solcher Spezialitäten.

Was wäre jedoch ein echtes Kräuterhexenbuch ohne die eine oder andere persönliche Anmerkung zu so manchem „alkoholischen" Sachverhalt. Gleichfalls gehört die Beschreibung der einzelnen Kräuter und Gewürze, die in den Rezepturen Verwendung finden, zu einem anständigen Buch der Kräuterhexe. Auch an dieser Stelle werde ich Sie nicht enttäuschen.

Das Wichtigste jedoch sind die jetzt nicht mehr geheimen Rezepturen aus meinem persönlichen „Kräuterhexenheiltrank-Braubuch". Sie werden aber feststellen, dass es auch hier nicht mit „Hex! Hex!" getan ist, sondern dass es durchaus Zeit benötigt, bis solche Schätze aus dem Pflanzen- und Mineralienreich fertig sind. Wenn Sie sich jedoch diese Zeit nehmen – und zwar auch für sich selbst –, werden Sie noch ganz andere „Schätze" entdecken. Das wünsche ich uns allen von Herzen.

Ihre Kräuterhexe aus Sternenfels

CATECHU

Wissenswertes über Alkohol

Alkohol –
ein besonderer Stoff

Gedankensprünge

Das Wort „Alkohol" löst bei den Menschen ganz unterschiedliche Reaktionen aus. Die meisten denken wohl an angenehme Situationen und Festlichkeiten, die mit eben diesem Stoff noch fröhlicher werden. Eine ganze Industrie freut sich über die Umsatzzahlen, die mit diesem Ansehen alkoholischer Getränke erzielt werden können. Für viele bedeutet Alkohol Lebensinhalt schlechthin, selbst wenn das Leben als solches dann häufig nicht lange dauert. In der Wissenschaft wird der Alkohol als exzellentes Lösungsmittel geschätzt, und das auch für so manche menschliche Zunge. In den verschiedenen Religionen wird der „Geist" zu Zeremonien gebraucht. Arzneifirmen und Apotheken benötigen Alkohol für die Herstellung von Tinkturen und Extrakten. Viele Menschen sind jedoch erklärte Alkoholgegner und lehnen ihn generell ab. Und Kräuterhexen brauchen ihn für ihre geheimen Heiltränke und Elixiere.

Früher gab es Alkohol nur in der Apotheke oder beim Arzt.

So blubbert es nach Kräuterhexenart.

Die „Wurzeln" des Alkohols

Wie Sie sehen, ist der Alkohol wohl ein ganz besonderer Stoff und daher Grund genug, dass ich mich mit ihm in diesem Buch etwas näher beschäftigen möchte. Wann der Alkohol von selbst entstand, weiß man nicht so genau. Eigentlich wird er direkt dem lieben Gott zugeschrieben, denn er hat ja schließlich das Paradies mit Früchten, Tieren und Menschen geschaffen. Nachdem diese Wesen die Welt bevölkert hatten, mussten sie sich schließlich ernähren und so mancher übrig gebliebene Speiserest gärte vor sich hin und verwandelte sich auf wunderbare Weise zu Wein. Besonders Breie und Suppen aus gekochtem Getreide wie Hirse und Mais.

Auch die Tiere kennen bis auf den heutigen Tag ihre „Zapfstellen" für Alkohol, um sich zu berauschen. In so manchem Tierfilm wurden Affen und andere Tiere in volltrunkenem Zustand gezeigt, nachdem sie gezielt vergorenes Fallobst gefressen hatten. Vielleicht kommt auch daher der Ausdruck „Schnapsdrossel", denn so mancher Vogel frisst sich gerne einen Rausch an.

Den Begriff Alkohol hat übrigens kein geringerer als Paracelsus (1493–1541) geprägt, denn er zog die Silben „al-co-hue" einfach zusammen und nuschelte auf Grund des Genusses vielleicht etwas dabei.

Nun möchten Sie bestimmt gerne wissen wie er überhaupt auf diese Silbenfolge kam. Nun, Herr Paracelsus war ein gelehrter Mann und zum Teil der arabischen Sprache mächtig. Das arabische „al-co-hue" bedeutet „fein gemahlenes Glanzpulver für Augenschminke". Um den Zusammenhang zu begreifen, muss man wissen, dass die alten Ägypter Alkohol als Lösungsmittel oder als Trägersubstanz für Verreibungen verwendeten. Und aus eben solchen Verreibungen bestand das schicke Augen-

Hier ist die Schnapsdrossel eine Amsel.

Make-up von Tutanchamun, Nofretete und Co. Nun wissen wir auch, dass Alkohol den Ägyptern bereits 4000 Jahre vor Christus bekannt war.

Die alkoholische Gärung

Doch zurück zum Alkohol der Gegenwart. Neben einer synthetischen Herstellung aus Äthin (Acetylen), daraus entsteht übrigens der so genannte Carbidsprit, wird Äthanol immer noch durch Gärung gewonnen. Dabei werden Kohlenhydrate, zum Beispiel Zucker und Stärke, durch Anaerobe, das heißt ohne Sauerstoff lebende niedrige Organismen, chemisch verändert. Das Vergären von bestimmten Zuckern mit Hefepilzen wird als alkoholische Gärung

bezeichnet. Dazu braucht man ein Enzymgemisch aus Hefe, die Zymase, die Zucker in Äthanol und Kohlendioxid spaltet. Die chemische Formel für Äthanol lautet: C_2H_5OH.

Heiltränke auf alkoholischer Basis

Alkohol wird seit ewigen Zeiten und auf allen Kontinenten benutzt. Besonders die alkoholischen Arzneimittel standen und stehen weltweit ganz oben auf der Anwendungshitliste. Die Rezepturen gehen auf uraltes Wissen zurück und haben nicht selten jahrhundertealte Ursprünge. Die asiatische, afrikanische, amerikanische und europäische Volksmedizin wäre ohne Heiltränke auf alkoholischer Basis nicht denkbar.

Ein wesentlicher Grund für diese Zubereitungsart liegt darin, dass viele wertvolle Pflanzenwirkstoffe in Wasser schwer oder gar nicht löslich sind. Dafür aber in Alkohol. Da Alkohol in flüssiger Form aber immer etwas Wasser enthält, werden auch die wasserlöslichen Inhaltsstoffe gelöst und ergeben daher einen hochwirksamen Heilpflanzenauszug. Auch Mineralien, wie zum Beispiel Edelsteine, können im Alkohol angesetzt und als Heilmittel verwendet werden.

Die gesundheitsfördernde Wirkung des Alkohols ist durch klinische Untersuchungen belegt. Man hat entdeckt, dass kleine Alkoholmengen in der Lage sind, Arteriosklerose vorzubeugen, indem verhindert wird, dass sich Cholesterin an den Gefäßwänden anlagert. Außerdem wird das Immunsystem gestärkt.

Zu jeder Jahreszeit aktuell sind die zwei Worte: ein Bier.

Obwohl Alkohol nicht gerade zu den kalorienarmen Getränken gehört, hat er den Vorteil, dass sich diese Kalorien nicht in Fett verwandeln, sondern für ihre Verbrennung sogar körpereigenes Fett benötigen und daher an den Reserven zehren.

Verträgliche Alkoholmenge

Soweit die positive Seite des Alkohols. Mindestens genauso wichtig wenn nicht sogar noch wichtiger ist die negative Seite dieses Urgetränks. Alkohol ist in der Tat schädlich, weil er häufig in viel zu großen Mengen getrunken wird. Gerade bei alkoholischen Zubereitungen bestimmt wie so oft die Menge über Nutzen oder Schaden. So nützlich er in manchen Lebenssituationen auch sein kann, so schädlich ja sogar tödlich kann seine Auswirkung bei zu hohem Konsum für den Menschen sein.

Hohe Dosen von Alkohol schwächen zum Beispiel das Immunsystem, behindern die Atmung, schädigen das Herz, das Nervensystem und das Gehirn.

Angesichts dieser Tatsache wird man sich nun fragen, wo denn nun die Grenze zwischen Gut und Böse verläuft. Um es vorweg zu sagen: Es gibt keine exakte Grenze! Jeder Mensch ist anders und befindet sich in den unterschiedlichsten Situationen. Auf der wissenschaftlichen Suche nach den erlaubten Mengen, hat man festgestellt, dass Männer schon auf Grund ihres Körperbaues mehr Alkohol vertragen als Frauen. Ich habe allerdings die Beobachtung gemacht, dass viele Männer diese Tatsache oft

Unkrautbowle: Auf diese Art schmeckt Unkraut hervorragend.

überschätzen und meinen, für sie gäbe es überhaupt keine Höchstmenge.

Des Weiteren spielt die Bevölkerungsgruppe, der man angehört, eine Rolle. Asiaten, Araber und Indianer vertragen wesentlich weniger Alkohol als Europäer. Sie sind eben anders gebaut.

Aber auch die persönliche Lebensführung kann sich auf die verträgliche Alkoholmenge auswirken. Viel körperliche Bewegung, eine gute Stimmungslage und ausreichend Schlaf lassen das Gläschen in Ehren besser vertragen, als Bewegungsarmut, depressive Stimmungen, Müdigkeit und Erschöpfung. Dass schwangere Frauen auf Alkohol weitgehend verzichten sollten, brauche ich wohl nicht extra zu betonen.

Ein Gläschen Wein, Sekt oder Bier kann in geselliger Runde durchaus entspannend wirken und Stress abbauen, wenn es dabei bleibt.

Alkohol und Heiltränke – Geschichte

Von Ägyptern und Destillateuren

Ich habe ja bereits erwähnt, dass der Ursprung des Alkohols im Dunkel der Menschheitsgeschichte liegt. Es gibt nichtsdestoweniger Anhaltspunkte dafür, dass 3000 vor Christus die Ägypter bereits 28 Weinsorten kannten. Sie brauten um diese Zeit eine „flüssige Nahrung" in Form von Bier aus Weizen, Hirse, Datteln, Stutenmilch, Pilzen, Hanfblättern und Honig. 1800 vor

Hier sieht es auch ein bisschen nach Hexenküche aus.

In diesem ehrwürdigen Kloster in Maulbronn finden Sie die Kräuterhexe.

Christus waren dann die ersten Destillateure am Werk und stellten monatlich mehrere hundert Liter Destillate her. Als Grundstoffe dienten Holzspäne, Kräuter, Zypressenholz und Myrtenäste. Es handelte sich hierbei jedoch nicht um Alkohol, sondern um ätherische Öle, die auf diese Art gewonnen wurden. Erst die Araber kamen auf die Idee, mit diesem Verfahren auch Trauben- und Palmweine zu behandeln, und gewannen so den ersten Schnaps. Die erste „Schnapsstunde" schlug im 9. Jahrhundert, allerdings verwendete man ihn nur äußerlich als Lösungsmittel.

Der gebrannte Trinkalkohol dürfte um 1050 im arabisch geprägten Süditalien zum ersten Mal ausgeschenkt worden sein. Man verwendete ihn aber fast ausschließlich zu Heilzwecken und nur Ärzte und Apotheker durften ihn herstellen.

Sortimentserweiterung mittels Schwarzbrennerei

Erst ab dem 13. Jahrhundert wurde der Branntwein in Europa zum Genussmittel. Und damit begann der bis auf den heutigen Tag anhaltende Kampf gegen den Alkohol als Suchtmittel. Sehr früh schon wurden Verordnungen der Obrigkeit über den Gebrauch von Branntwein unters Volk gebracht. Dazu gehörte das Verbot, den Wein mit Branntwein zu versetzen. Aber wie das mit Verboten so ist, animierten sie erst recht zum Schwarzbrennen, und die Branntweinsteuer, die offensichtlich als wichtiger angesehen wurde als die Volksgesundheit, lässt diesen Volkssport auch heute noch fröhliche „Urständ" feiern.

Das Positive an der zweifelhaften Entwicklung liegt allerdings darin, dass sich besonders in ländlichen Gebieten das Sortiment der „Gesundheitswässer" erheblich erweiterte. Zum Beispiel hat jedes Bergtal der Alpen, der Rhön, des Odenwaldes, des Schwarzwaldes und der Vogesen seine besondere Spezialitäten, die heute jedoch durchaus legal gebrannt und vermarktet werden. Man sah und sieht in den Edelbränden jedoch in erster Linie das Gesundheitsmittel, das verdauungsfördernd und Immunkräfte stärkend wirkt.

So mancher Landsknecht stärkte sich nach der Schlacht mit Wein.

Klösterliche Heilkräuterelixiere

Viele hervorragende Rezepte für „Pflanzengeister" wurden in den Experimentierstuben der Klöster entwickelt. Hier wurde schon seit dem Mittelalter so manch heilbringendes Elixier gebraut, um es an den Kranken, die dort gepflegt wurden, auszuprobieren. Man verfügte über medizinisches Fachwissen, die Kenntnis vieler Heilpflanzen, die alchemistischen Kenntnisse im Brauen und Destillieren und vor allem über alle Zeit der Welt, um solch schmackhafte Klosterspezialitäten zu entwickeln.
Wenn ich heute mit viel Arbeit und Ter-

Gute Kräuterhexen verwenden auch nur gute Geister.

Der Rote Fingerhut gehört zu den giftigen Hexenkräutern.

minen im Hinterkopf in meinem Kräuterhexenlabor stehe und neue Ansätze ausprobiere, wünsche ich mir manchmal, ich wäre im Kloster. Aber wirklich nur manchmal! Denn man hatte es auch in den Klöstern nicht immer leicht mit der Alkoholproduktion. Unter der Landbevölkerung griff die Trunksucht um sich und so mancher Klosterbruder war nur stark im Geiste und das in zweifacher Hinsicht. Daher vermied man die Worte Schnaps oder Alkohol und sprach lieber von „Lebenswasser" oder „Feuerwasser". Wobei es sich hierbei nicht um den brennenden Geschmack, als viel mehr um die spirituelle „Vermählung" der Elemente Feuer und Wasser handelte. Nach Paracelsus war das männliche Element dieser Hochzeit das Feuer und das weibliche Element das Wasser, denn es gehören ja immer zwei Partner dazu. Desgleichen sahen die alten chinesischen Schnapsbrennerärzte im Alkohol die Elemente Ying und Yang vereinigt, besonders wenn sie mit Heilkräutern versetzt waren.

Gerade die Zugabe von Heilkräutern macht aus so manchem Branntwein einen „heilenden Geist", indem er die Heilkräfte der Natur für den Menschen bereit hält. Medizinmänner, Schamanen, Hirten, Bergbauern, ja selbst Könige, Kurfürsten, chinesische Ärzte und eben Kräuterhexen haben über viele Jahrhunderte einen großen Wissensschatz über heilende Kräfte aus der Natur in Form pflanzlicher Mittel zusammengetragen, um der Menschheit in erster Linie zu helfen. Selbst Giftpflanzen helfen, wenn sie richtig dosiert eingesetzt werden.

So manche klösterliche Heilschnapsrezeptur wurde jedoch streng gehütet, weil man damit die Überlegenheit über die Laiengemeinde sehr gut aufrecht erhalten konnte. Soweit zur Menschenfreundlichkeit der Kirche.

„Mutter Anna" hatte damit kein Problem. Sie war eine äußerst experimentierfreudige und eindrucksvolle Frau. Als sie 1585 starb, hinterließ sie nicht weniger als 181 Kräuterschnaps- und Aquavit-Rezepturen, die an allen Höfen Europas zu jener Zeit getestet worden waren. Mutter Anna korrespondierte mit Klöstern, Förstern, Bauern, Gärtnern und Alchemisten.

Nun werden Sie sich sicher fragen, wer sich wohl hinter dieser weltoffenen und klugen Frau verbirgt, denn eine einfa-

Auch die Indianer kannten bereits die Heilwirkung von Spitzwegerich.

che Bauersfrau kann sie ja wohl nicht gewesen sein. Das stimmt auch, denn hinter dem Titel „Mutter Anna" verbirgt sich keine geringere als die Kurfürstin Anna von Sachsen, die als Tochter des Dänenkönigs Christian des Dritten sowohl den landesüblichen Aquavit kannte und darüber hinaus noch über ein reges Interesse an der Medizin verfügte.

Wer sich heutzutage an das Experimentieren mit Alkohol und Heilkräutern heranwagt, kann auf eine ganze Menge bewährter Rezepturen zurückgreifen. Diese befinden sich nur noch zum Teil in den wohl behüteten Schränken hinter Klostermauern. Viele können in Koch- und Rezeptbüchern nachgelesen werden. Auch das vorliegende Buch ist als Anleitungswerk für eigene Alkoholexperimente gedacht. Aus diesem Grund möchte ich nun zunächst auf die einzelnen Alkoholarten eingehen.

Die einzelnen Alkoholarten

Schnaps

Schnaps ist die wohl gebräuchlichste Grundsubstanz für den Ansatz von Heilkräutertränken. Aber Schnaps ist nicht gleich Schnaps. Denn unter dem Sammelbegriff „Schnaps" verbergen sich viele verschiedene Edelbrände mit den unterschiedlichsten Aromen. Ich betone das Wort Edelbrände, denn so manches gesundheitsschädliche Fuselprodukt beansprucht ebenfalls den Namen Schnaps. Von solchen Produkten der Billigregale möchte ich mich jedoch ausdrücklich distanzieren.

Schnaps kann aus Stein- und Kernobst, aus Getreidesorten, Kartoffeln, Kräutern und ganz exotisch auch aus Kakteen und Agaven gebrannt werden. Je nachdem wie sehr der Eigengeschmack dieser Form von Alkohol im Vordergrund steht, ist nicht jeder dazu geeignet, als Ansatzgrundlage für einen Kräuterschnaps zu dienen. Obstbrände von Zwetschgen, Kirschen und Mirabellen gehören daher zu den weniger geeigneten Schnäpsen. Obstler aus Äpfeln und/oder Birnen verhalten sich wesentlich neutraler in Verbindung mit Kräutern.

Ein ebenfalls neutraler Schnaps wäre Korn oder Doppelkorn. Diese Spezialität wird aus Getreide gebrannt und eignet sich zum Beispiel für Ansätze mit Samen, Rinden, Wurzelstöcken oder Wurzeln an sich. Man geht hier etwas vom Gleichheitsprinzip aus. An dieser Stelle möchte ich darauf hinweisen, dass der Alkoholgehalt eine wesentliche Rolle bei den Pflanzenauszügen spielt. Je höher der Alkoholgehalt, desto effektiver findet der Auszug der eingelegten Pflanzen statt. Diese Tatsache sollten wir berücksichtigen und für Heilschnäpse aus Kornbranntwein immer den höher prozentigen Doppelkorn verwenden. Auch Wodka gehört in der heutigen Zeit zu den Kornschnäpsen, da er nicht mehr, oder nur noch sehr selten wie früher, aus Kartoffeln gebrannt wird. Wodka ist, was die Geschmacksneutralität betrifft, ebenfalls für den Heilkräuteransatz zu empfehlen.

In diesem Zusammenhang stellen Sie sich vielleicht die Frage, warum man

Dieser Anblick erfreut nicht nur den Schnapsbrenner.

Rechts: So stimmungsvoll kann die Apfelernte im Herbst sein.

Sind das nicht leckere Grundstoffe für einen katholischen Schnaps?

nicht gleich reinen Alkohol, das heißt Äthanol aus der Apotheke, verwenden sollte. Nun, das ist grundsätzlich möglich, aber auch sehr teuer. Für Ansätze mit sehr saftigen Früchten, wie zum Beispiel Erdbeeren, Himbeeren, Brombeeren und Zwetschen wird man wohl oder übel in den „sauren Apfel beißen" müssen, um nicht nur ein lasch schmeckendes Resultat zu erzielen. Der Saft dieser Früchte verdünnt den ganzen Ansatz beträchtlich. Aber selbst in diesem Fall benutze ich 70-prozentigen Alkohol, um ein sinnvolles und schmackhaftes Ergebnis zu erzielen. Lediglich bei der Herstellung von Tinkturen ist es notwendig und wichtig, höher prozentigen Alkohol zu verwenden. Diese gelten aber als pharmazeutische Spezialitäten bzw. Arzneimittel und werden daher auch nur tropfenweise angewendet.
Es könnte jedoch sein, dass Sie schon einmal mit 70-prozentigem Alkohol experimentiert haben und eine solche Konzentration für den Ansatz eines Heiltrankes verwendet haben, um ihn anschließend auf zum Beispiel 40 Prozent mit Wasser verdünnen zu können. Dabei werden Sie sich anschließend

sehr über eine Trübung der Flüssigkeit geärgert haben. Diese ist jedoch so zu erklären, dass eine 70-prozentige Flüssigkeit genauso viele Wirkstoffe löst wie es der Sättigung des in ihr enthaltenen Alkohols und des Wassers entspricht. Wenn ich nun solch einen Ansatz mit Wasser weiter verdünne, fällt ein Teil der mittels Alkohol löslichen Substanzen wieder in Gestalt einer feinen Trübung aus. Diese Reaktion, die mir übrigens bei meiner pharmazeutischen Tätigkeit als Analysenmethode sehr entgegen kam, können wir dadurch verhindern, dass wir bereits den Heilpflanzenansatz mit jenem Alkohol herstellen, der einer späteren Trinkstärke von 38–40 Prozent entspricht.
In meiner badischen Heimat gibt es übrigens zwei besondere Arten von Schnaps, nämlich den katholischen und den evangelischen Schnaps. Sie hören dies sicherlich zum ersten Mal, und aus diesem Grund möchte ich Ihnen den Zusammenhang etwas näherbringen.

Das Land der Badener besteht aus einem nördlichen und einem südlichen Teil, denn es erstreckt sich parallel entlang des Rheines. Der nördliche Teil war historisch bedingt schon immer evangelisch und der südliche eher katholisch bevölkert. In den nördlichen Gefilden wuchsen und wachsen bis auf den heutigen Tag überwiegend Apfel- und Birnbäume, was zur Folge hatte, dass der daraus gebrannte Schnaps eben als evangelischer Schnaps bezeichnet wurde.

Das Gleiche passierte in den südlichen Landesteilen, in denen überwiegend Zwetschen, Kirschen und Mirabellen gebrannt wurden und das Ergebnis somit als katholischer Schnaps eingeschenkt wurde. Für Ketzer gab es da noch den Topinambur, eine südbadische Spezialität, die aus den Knollen einer Sonnenblumen-Art gebrannt wurde und wird. Für meine ganz besonderen Kräuterhexentränke verwende ich daher gerne Topinambur. Zum größten Teil

Die „evangelischen" Früchte stehen in nichts nach.

verarbeite ich jedoch evangelischen Schnaps, und das, obwohl ich katholisch bin!

Rum

Man könnte Rum auch als Alkohol der Neuen Welt bezeichnen, denn vor der Entdeckung Amerikas war dieser Zuckerrohrschnaps bei uns unbekannt. Das Brennen kannte man dort vermutlich schon vor Columbus, denn die Medizinmänner Mittel- und Südamerikas verwendeten dieses Lösungsmittel gerne für ihre Heil- und Zaubertränke.

Nun muss ich sagen, dass ich als europäische Kräuterhexe mit diesem „Stoff" einige Probleme habe. Bedingt durch seinen ihm eigenen spezifischen Geruch und Geschmack eignet sich Rum eher als Bestandteil für Mixgetränke denn als Basis für einen Heiltrank mit europäischen Kräutern. Da ich sowieso kein Freund von eben jenen Krea-

Hier sehen Sie verarbeitete Früchte in flüssiger und hochprozentiger Form. Katholischer Schnaps (links), evangelischer Schnaps (rechts)

23

tionen der Cocktailbars dieser Welt bin, beschränke ich mich eher auf das Backen mit Rum als Aroma. Ein klassisches Rumrezept ist aber nach wie vor der so genannte Rumtopf, der besonders in ländlichen Gebieten mit einem großen Angebot an einwandfreien, frischen und aromatischen Früchten gerne angesetzt wird. Diese Spezialität ist sehr süß und wird daher meist in Verbindung zu Desserts, wie zum Beispiel Eis, Sahne oder Waffeln, gereicht, wobei sowohl die Flüssigkeit als auch die Früchte

Leider hat die Zuckerrohrernte nichts mit Urlaub zu tun – aber der Rumgenuss.

Verwendung finden. Trotz dieser „Verdünnung" sollte man den Alkoholgehalt nicht unterschätzen, sonst kann es durchaus passieren, dass sich die Folgen unangenehm bemerkbar machen.

Rum wird genauso gerne in Verbindung mit Tee oder Kaffee eingenommen, um diesen wässrigen Auszügen, etwas mehr Geist zu geben. Das Alibi des wärmenden Gesundheitstrankes gilt aber auch hier nur in Maßen.

Der Alkohol aus der Neuen Welt eignet sich für Ansätze mit ebenso fremdartigen Gewächsen. Vanille, Zimt, Orangen, Gewürznelken, Kardamom, Sternanis und Ingwerwurzel wären als Rumeinlage geeignet. Solch ein exotischer Likör sollte daher mit Rohrzucker gesüßt werden. Er ist allerdings weniger ein Heiltrank, sondern eher ein Genussmittel.

Gin

Gin ist der schnellste Schnaps überhaupt. Man kann ihn schon eine halbe Stunde nach seiner Herstellung trinken, da er nicht reifen muss. Die Wiege des Gins stand in einem holländischen Chemielabor und er war eigentlich als Medizin gedacht. Um diese Medizin etwas angenehmer zu gestalten, wurde der Getreidebrand mit Wacholderbeeren aromatisiert. Von eben diesen Wacholderbeeren bekam diese Spezialität den Namen „Genever", das französische Wort für Wacholder lautet („genièvre"). Nachdem Wilhelm von Oranien diesen Gesundheitstrank im 17. Jahrhundert nach England einführte, wurde daraus

Wacholderansatz

Heute kommen weder die Barkeeper und noch so manche hoch gestellte Person des englischen Königshauses mehr ohne diesen ehemaligen Getreideschnaps mit Wacholderaroma aus. Die Basis des „Dry Gin" besteht heutzutage jedoch meistens aus reinem Alkohol, der sowohl geruchs- als auch geschmacklos ist und lediglich durch den Geschmack der Wacholderbeeren aromatisiert wird.

Solch einen Dry Gin verwende ich als alkoholische Grundlage für alle Ansatzschnäpse, die neben einem neutralen Grundaroma zugleich etwas Wacholder vertragen können. Solche Heiltränke wirken dann in erster Linie verdauungsfördernd und können mit Edelsteinen und ätherischen Ölen noch veredelt werden. Ein klassisches Beispiel für einen reinen Ginansatz wäre der Schlehengeist oder das Holunderelixier. Gin kann man übrigens auch durch Wodka ersetzen und umgekehrt.

schlicht und ergreifend Gin. Damit begann der Siegeszug dieses alkoholischen Getränkes aus den Apotheken heraus und in die Häuser des englischen Volkes.

Während des Wirtschaftskrieges gegen Frankreich erlaubte seine Königliche Hoheit jedem Engländer die Einrichtung einer Gindestillation, wenn er diese nur anmelden würde. Das Ergebnis dieser Großzügigkeit war ein Anstieg der Ginproduktion in England von jährlich zwei Millionen Liter auf 76 Millionen Liter innerhalb eines Zeitraumes von 40 Jahren. Die Slums waren übersät von herumliegenden betrunkenen Ginsäufern, und die englischste aller Spirituosen bekam einen sehr schlechten Ruf.

„But the times they are a changing" und so verhielt es sich auch mit dem Gin.

Manchmal genießen auch Kräuterhexen ein Gläschen.

Wein

Wein ist das natürlichste Produkt der Welt. Wein kann aus Früchten, Korn, Blütenblättern und anderen Substanzen gewonnen werden. Ich möchte mich jedoch auf den Wein aus Weintrauben beschränken. Aber selbst diese Einschränkung macht es mir äußerst schwer, das Thema Wein kurz und bündig abzufassen. Unzählige Bücher sind gefüllt mit allen möglichen Ausführungen über diesen Uralkohol, seine Anbauländer, die Böden auf denen er reift und die vielen Geschmacksrichtungen, die sich daraus ergeben. Diese unterschiedlichen Geschmacksrichtungen füllen wiederum andere Bücher, die sich damit befassen, welcher Wein zu welchem Anlass und zu welchen Speisen passt.

Aber egal wie der Wein auch schmeckt, er entsteht immer auf die gleiche Wei-

Blaue Weintrauben reifen für einen guten Rotwein.

So manche Traube findet ihren Weg bereits direkt vom Stock in den Magen.

se, indem unzählige über den Weinbergen schwebende Hefepilze sich auf den Trauben niederlassen und mit dem Traubenzucker im Saft der reifen Weinbeeren Alkohol entstehen lassen.

Die Rebstock-Art *Vitis vinifera* und ihre unzähligen Veredelungen umschließen zwei breite Gürtel, die sich rings um die Erde ziehen. Ein Gürtel verläuft südlich und einer nördlich des Äquators. Zu diesem nördlichen Weingürtel gehört übrigens Sternenfels neben Deutschland generell, desgleichen Frankreich, Italien, Griechenland, die USA, Algerien. Südlich des Äquators liegen die Weinbaugebiete von Südafrika, Australien, Chile und Argentinien.

Die Herstellung des ersten Traubenweines liegt zirka 10 000 Jahre zurück, aber das französische Sprichwort: „Ein Mahl ohne Wein ist wie ein Tag ohne Sonne" gilt bis auf den heutigen Tag in vielen Ländern dieser Welt.

Die Klöster verfügten nicht selten auch über eine ganze Reihe von Weinbergen, so dass der Weinbau sowie das Bierbrauen neben dem Beten zu den wichtigsten klösterlichen Tätigkeiten gehörte. Was lag also näher, diesen Klosterwein mit Kräutern zu versetzen und daraus so manchen Heiltrank zu kreieren. Die Tradition der Kräuterweine kann in so mancher Rezeptur von Hildegard von Bingen nachvollzogen werden.

Wie ich bereits bei den Ausführungen zum Thema Rum beschrieben habe, kommen für die Ansätze von Heilkräuterweinen nur trockene und gut durchgegorene Weine in Frage.

Bei lieblichen Weinen mit einem hohen Zuckergehalt müssen eher gesundheits-schädliche Auswirkungen befürchtet werden. Außerdem sollte ein solcher Basiswein, ähnlich wie bei den Schnäpsen, kein ausgeprägtes Eigenaroma besitzen, da dies als störend in der Verbindung mit Kräutern empfunden werden würde. Heilkräuter können im Wein kalt angesetzt oder gekocht werden. Bei der Zubereitung von Heiltränken auf Weinbasis muss besonders gründlich filtriert werden, da der kleinste Rückstand unter Umständen als Trübung ausfällt. Die Haltbarkeit eines Kräuterweines ist im Vergleich zu Schnäpsen oder Likören wesentlich geringer. Daher sollte der Inhalt nach dem Anbruch einer Flasche rasch aufgebraucht werden.

Solch ein gut gefülltes Flaschenlager darf nie leer werden.

Cognac

Mit dem Traubenbrandwein, der sich unter dem Titel Cognac im Handel befindet, hat es so seine Besonderheiten auf sich. Seit 1909 ist der Name Cognac gesetzlich dem Weinbrand vorbehalten, der aus einem fest umgrenzten Gebiet in Frankreich, nämlich der „Charente", stammt. Dieser Distrikt des Cognac ist wiederum in sieben Zonen gegliedert, die nach der Qualität ihrer Weine eingeteilt wurden. Ich möchte sie hier allerdings nicht einzeln aufzählen, da dies den Rahmen dieses Buches sprengen würde. Es ist lediglich wichtig zu wissen, dass Cognac eben nicht gleich Cognac ist. Wenn Sie auf einer Cognacflasche die Begriffe „Grande Champagne" und „Petit Champagne" entdecken, können Sie

davon ausgehen, ein Spitzenprodukt in Händen zu halten. In diesen beiden Zonen wächst auf Grund des Kalkgehaltes des Bodens der beste Weißwein für die Herstellung eines solch edlen Weinbrandes. Außerdem sollte man wissen, dass es sich bei einem Cognac immer um eine Mischung verschiedener Brände handelt. Aus diesem Grund gibt es auch keine besonderen Cognac-Jahrgänge, sondern das Gemisch wird immer nach dem Geschmack der Abfüller aus verschiedenen Jahrgängen zusammengestellt. Diese fertige Mischung wird noch einmal für einige Monate in Holzfässern gelagert. Sicherlich haben Sie schon einmal die sehr verheißungsvollen Buchstaben V.O.P. oder V.S.O. oder gar V.V.S.O.P. auf solch einer Cognacflasche entdeckt. Nun, das hat jetzt mit Französisch überhaupt nichts zu tun, sondern bedeutet auf Englisch: V. (= very), O. (= old), P. (= pale bzw. product), S. (= superior), X. (= extra). Nach diesem Blick hinter die Kulissen wissen Sie jetzt also, dass es sich bei einem V.O.P.-Cognac um einen sehr alten hellen Cognac handelt. V.S.O. ist ein sehr alter und ausgezeichneter Cognac der auch noch ein P. mit sich führen kann, sofern er hell oder noch älter ist. Man geht hier von einer Fasslagerung von 12–17 Jahren beziehungsweise 18–25 Jahren aus. Wenn Sie jedoch einmal einen Cognac mit den Buchstaben V.V.S.O.P. überreicht bekommen, sollten Sie sich in Ihre „Sonntagskleider" begeben, sich in Ihrem Lieblingssessel zurücklehnen und bei Kerzenlicht und angenehmer Background-Musik ihren 40-jährigen Cognac andächtig genießen.

Es muss nicht immer der Besen sein ...

Der richtige Rahmen für einen wertvollen Trank

Nachdem Sie nun über die Besonderheiten des echten Cognacs Bescheid wissen, ist es nachvollziehbar, dass ein so edles Tröpfchen nicht für die Herstellung von Heiltränken und Likören in Frage kommt. Das ist jedoch nicht weiter schlimm, denn es gibt noch jede Menge anderer Destillen, die Weinbrände in beachtlicher Qualität herstellen. Bei der Verwendung dieser Erzeugnisse wird der Geldbeutel etwas mehr geschont. Zu diesen Weinbränden zählt übrigens der Armagnac, und der Marc, der bei uns schlichtweg als Treber- oder Tresterschnaps bezeichnet wird. Ein ganz berühmter Vertreter dieser Gattung ist der Grappa. Grappa gehört zu den besonders geeigneten Weinbränden für Kräuteransätze. Sie sollten jedoch darauf achten, dass er nur über einen geringen oder gar keinen Zuckergehalt verfügt.

Mein Tipp: Alle Weinbrände mit Cognac-Charakter eignen sich für sehr feine Blüten-, Blätter- und Fruchtansätze.

Alkoholmissbrauch

Alkohol enthemmt

Nach diesem Einblick in die Welt der verschiedenen Alkoholsorten möchte ich es nicht versäumen, an dieser Stelle auch die negativen Seiten dieses Urgetränks der Menschheit zu erwähnen. Die Menschen in aller Welt tranken jahrhundertelang Alkohol, ohne von der schädlichen Wirkung dieser Substanz etwas zu ahnen. Bier galt sogar lange Zeit als Hauptnahrungsmittel, so dass der Ausschank selbst an stillende Mütter, Babys und Kleinkinder erlaubt war. Heute sind wir zwar etwas aufgeklärter, aber Alkohol ist noch immer das Suchtmittel Nummer eins weltweit. Unendlich viel Leid und Unheil haben wir diesem ehemals heiligen Getränk zu verdanken.

Bier und Schnaps wurden schon sehr früh von kirchlicher Seite als Produkte des Teufels erklärt. Mit dem Messwein hielt man sich da wesentlich mehr zurück, denn Wein war lange Zeit sowieso nur den Herrschern der weltlichen und geistlichen Welt vorbehalten.

... aber meistens eben doch!

Aber selbst die Ächtung des Alkohols als Teufelszeug war nicht in der Lage, den Alkoholmissbrauch der früheren Jahrhunderte einzudämmen. Offensichtlich gab es weitaus Schlimmeres, dem man mit einem Vollrausch zumindest zeitweise entfliehen wollte. Bis auf den heutigen Tag sterben allein in Deutschland jährlich über 55 000 Menschen an den Folgen des Alkoholismus. Man geht davon aus, dass jeder dreißigste Deutsche alkoholkrank ist. Die Heilung von dieser Sucht, vielmehr die Behandlungen der Folgen des Missbrauchs, verschlingt Unsummen von Geld, der Staat verdient aber an jeder Flasche über die Steuer mit.

Die Auswirkungen der Alkoholsucht sind allesamt gelinde ausgedrückt „unschön". Ein volltrunkener Mensch befindet sich in meinen Augen in einer eher menschenunwürdigen Situation. Bedingt durch den Angriff des Alkohols auf das zentrale Nervensystem sind solche Personen nicht mehr in der Lage, sich physisch und psychisch auf den Beinen zu halten, und damit hilflos der Umwelt ausgeliefert. Aber auch die so genannten „angeheiterten Zeitgenos-

Requisiten eines feuchtfröhlichen Abends

sen" können einem als stocknüchternen Menschen das Leben schwer machen. Alkohol enthemmt! So manche Alkohol ungeübte Frauensperson bekommt durch die Erweiterung der Blutgefäße einen dramatisch roten Kopf, spricht „im Kreis herum" und lacht ungehemmt laut vor sich hin. Dieser beschämende Anblick ist auch mit ein Grund, warum ich um jede „Besenwirtschaft" einen großen Bogen mache. Hemmungsgeladene Männer, die es im nüchternen Zustand nicht gewohnt sind, ihre Gefühle zu zeigen, können unter Alkoholeinfluss zu regelrechten Bestien werden. Zerstörungswut bis hin zu Menschenschaden zählen zu diesen Folgen. Der stille Säufer verfällt in tiefe Depressionen und kippt irgendwann weg. Ich finde es einfach schrecklich, wenn man mit ansehen muss, wie viel Leid sich in Trinkerfamilien abspielt. Und nur, weil man sich selbst nicht mehr im Griff hat. Aber auch Menschen, die nur ab und an einmal einen über den Durst trinken, kann es in meinen Augen am nächsten Tag nicht schlecht genug gehen, selbst der kleinste Kater ist bereits ein Anzeichen für eine Alkoholvergiftung durch Übertreibung – oder Durcheinandertrinken. Wenn schon ein Gläschen in Ehren, dann aber bitte stets von der gleichen Sorte Alkohol.

Auf die Dosierung kommt es an

Nachdem ich jetzt als Schnapskräuterhexe so richtig gegiftet habe, möchte ich wieder auf die Menschen zurückkom-

Am Rhein waren die Menschen schon immer „weinselig".

men, die ein normales und gesundes Verhältnis zum Alkohol pflegen und diesen auch zu Heilzwecken einsetzen möchten. Sogar der Alkohol hat schließlich zwei Seiten und die Dosierung entscheidet über seine Giftigkeit oder ob er unsere Gesundheit erhält oder wiederherstellt. Meine Großmutter hat immer gesagt: „Jedes Rindvieh weiß, wann es genug hat!"

Wer also mit Alkohol umgehen kann, ihn stets in Maßen genießt und dabei unabhängig bleibt, dem ist ein ganz besonderes Genussmittel mit hervorragenden medizinischen Eigenschaften gegeben. Wie die Arbeit mit solch einem gesunden Stoff aussieht, welche Möglichkeiten es gibt, damit zu experimentieren, und welche Hilfsmittel dazu benötigt werden, erfahren Sie in den folgenden Kapiteln.

Zutaten und Hilfsmittel

Nur die besten Zutaten

Schnaps vom Selbsterzeuger

Wie jedes Essen nur so gut wie seine Zutaten ist, so verhält es sich ebenfalls bei der Zubereitung von Schnäpsen und Likören. Das bedeutet, dass wir schon bei der Zusammenstellung unserer Grundzutaten für die Herstellung eines Heiltrankes oder eines Likörs auf beste Qualität achten sollten. Wenn Sie einmal die Preise für Spirituosen in den Supermärkten vergleichen, werden Sie erhebliche Unterschiede feststellen. Das liegt zum größten Teil auch an den Qualitätsunterschieden. Um den billigsten

Dieser Früchtekorb lässt einem schon beim Ansehen das Wasser im Munde zusammenlaufen.

Fusel sollten wir von vornherein einen Bogen machen. Selbst wenn wir größere Mengen an Spirituosen benötigen, sei es wegen der geplanten Ansatzvielfalt oder weil wir von einem besonders leckeren Rezept gleich mehr ansetzen möchten, ist es nicht ratsam, an dieser Ecke zu sparen. Ihre Gesundheit und die Ihrer beschenkten Mitmenschen wird es Ihnen danken. Die obere Preisklasse ist allerdings auch nicht unbedingt nötig, es sei denn, sie ist es Ihnen wert!

Ich selbst bin dazu übergegangen, meinen evangelischen Schnaps direkt bei einem Selbsterzeuger zu besorgen, da weiß ich wenigstens, was ich habe. Sicherlich gibt es in Ihrer Umgebung einen Schnapsproduzenten, von dem Sie den einen oder anderen Kanister voll bekommen können.

Häufig sind die so genannten Hausbrände (das hat nichts mit einem bren-

Nur die allerbesten Zutaten sind gut genug.

nenden Haus zu tun) in höheren Alkoholkonzentrationen erhältlich, so dass man sie noch ohne Qualitätseinbußen verdünnen kann. Bei Rum sollte es ebenfalls „echter" Rum sein und nicht irgendein Chemieprodukt der billigen Art. Mit „Strohrum" verbrennen Sie sich sowieso nur den Gaumen.

Bei Cognac, Gin oder Wodka lohnt sich ebenfalls die Ausgabe für ein anständiges Markenprodukt.

Frische Früchtchen

Nachdem ich Sie nun von den Vorteilen eines hochwertigen Alkohols überzeugt habe, ist es wohl für jeden angehenden Zaubertrankbrauer einleuchtend, dass die gleichen Qualitätsansprüche an das Einlegegut gestellt werden müssen. Bei den verschiedenen Obstsorten wie Himbeeren, Johannisbeeren, Erdbeeren, Zitronen, Orangen und wie sie alle heißen sollten wir auf einwandfreie, frische und unverletzte Früchte achten.

Das wäre die rein äußerliche Sache. Schwieriger wird es jedoch bei den in-

neren Qualitäten. Es kommt nämlich sehr häufig vor, dass durch großgärtnerische Kunst und Gentechnik so manches Früchtchen nicht das hält, was es äußerlich verspricht. Erdbeeren und Tomaten und andere Früchte behalten neuerdings wochenlang in Kühlhäusern ihr frisches Aussehen, obwohl sie nach menschlichem Ermessen längst schrumpelig oder zusammengefallen „über den Jordan" gegangen sein müssten. Bei einer Geschmacksprobe stellt sich dann ein eher wässriger Abklatsch des erwarteten vollmundigen Aromas heraus. Solche Exemplare der neuen Art sind natürlich für unser Vorhaben völlig ungeeignet.

Wenn wir unser Obst schon nicht im eigenen Garten ernten können, so lohnt sich immerhin der Gang in den nächsten Bioladen, den Wochenmarkt (da darf man auch probieren, wenn nicht, dann Hände weg!) oder zum italienischen oder türkischen Händler um die Ecke. Achten Sie so ganz nebenbei noch darauf, dass es sich um unbehandeltes Obst handelt!

Auch als Erwachsene tut uns Fenchel noch immer gut.

FENCHEL

Ein Kräuterkorb mit „Südländern": Basilikum, Rosmarin und Thymian

Schnell verarbeiten

Am besten wäre es natürlich, wenn Sie Ihre so erworbenen Schätze sofort verarbeiten würden. Das ist jedoch nicht immer möglich. In diesem Fall lagern Sie Ihr Einlegeobst vorzugsweise kühl und druckfrei, wobei der Kühlschrank nicht immer der beste Ort dafür ist.

Die Qualität der Früchte ist während ihrer natürlichen Haupterntezeit am besten. Diese sollten wir bei unserer Planung für das Ansetzen von Schnäpsen und Likören unbedingt beachten. Ich sage das deshalb, weil es heutzutage möglich ist, jederzeit alle Früchte dieser Welt zu bekommen. Aber die späten Erdbeeren des Sommers schmecken eben einfach besser als die, die unterm Weihnachtsbaum liegen. Mit Orangen im Sommer habe ich ebenfalls so meine Probleme. Selbst Zitronen haben ihre eigene Saison. Optimal sind jedoch nach wie vor die Früchte aus dem eigenen Garten. Doch selbst wenn wir kein eigenes Obst verarbeiten können, so ist es doch relativ einfach, dieses käuflich zu erwerben. Hierbei sollten wir auf optisch einwandfreie Früchte achten. Auch der Preis ist oft ein Qualitätsmerkmal.

Heil- und Würzkräuter selber ziehen

Anders verhält es sich bei den Heil- und Würzkräutern, die wir für unsere Ansätze benötigen. Ein Großteil davon ist nur schwer, wenn überhaupt, normal im Handel zu bekommen. Wildkräuter wie Schafgarbe, Gänseblümchen, Waldmeister, Johanniskraut und wie sie alle heißen können wir mit etwas Glück und Ausdauer noch selbst in der Naturlandschaft finden. Schwieriger wird es dann schon mit Wermut, Ringelblumen, Lavendel, Weinraute, Hopfen und vielen anderen mehr. Solche Pflanzen können fast nur aus dem eigenen Garten, von der Terrasse oder aus dem Kübel geerntet werden.

Selbst hier spielt die richtige Erntezeit für die spätere Qualität Ihres alkoholischen Ansatzes eine wichtige Rolle. Grundsätzlich gilt, dass nur gesunde Pflanzen verwendet werden, das heißt keine fleckigen, von Schnecken, von Insekten, Schimmel oder von Pilzen befallene Pflanzenteile. Auch verwelkte oder vertrocknete Kräuter kommen nicht in Frage.

Welches Kraut nehme ich zuerst bei dieser tollen Auswahl?

Blüten, Stängel oder Frucht?

Als Nächstes müssen wir uns Gedanken darüber machen, welche Pflanzenteile wir überhaupt brauchen. Sind es Blüten, Blätter und Stängel, Wurzeln, das ganze Kraut oder die Früchte, Beeren und Samen? Der optimale Erntezeitpunkt ist ebenso unterschiedlich wie die Art der Pflanzenteile.

Die Kräuterspirale – vielfältige Ernte auf engstem Raum

Die Kräuter nie direkt in praller Sonne trocknen

Am empfindlichsten sind die Blüten. Sie sollten am Vormittag eines warmen Tages kurz nach ihrem Aufgehen gepflückt werden. Stark duftende Blüten werden generell dann geerntet, wenn sich die ersten Knospen entfalten. Hier sollte ebenso ein warmer trockener Vormittag abgewartet werden, damit sich das ätherische Öl in der Pflanze voll entwickeln kann.

Blätter und Stängel erntet man ebenfalls um die Mittagszeit, an sonnigen und trockenen Tagen. Das ist auch besonders wichtig, wenn Sie die Pflanzenteile nicht sofort verarbeiten, sondern sie zunächst zum Trocknen auslegen möchten. Der Trockenplatz für Heil- und Würzkräuter muss sehr warm, schattig und zugfrei sein, um ein optimales Ergebnis erzielen zu können. Die Trocknungszeit sollte so kurz wie mög-

lich gehalten werden, da die Inhaltsstoffe sonst zu sehr reduziert werden.

Dass das Sammelgut nicht gewaschen werden sollte, ist somit einleuchtend. Anhaftende Erde, Steinchen und Getiere werden bereits beim Sammeln der Pflanzen abgeschüttelt. Während des Trocknungsvorganges werden die restlichen Staub- und Sandpartikel regelrecht „weggesprengt".

Die Wurzeln werden in den Ruhepausen der Pflanzen, das heißt im Spätherbst oder im Frühjahr geerntet. Dann befinden sich alle wichtigen Inhaltsstoffe in diesen Pflanzenteilen. Dass nur so viele Wurzeln ausgegraben werden, damit das Pflanzenvorkommen keinen Verlust erleidet, ist wohl selbstverständlich. Bei der Wurzelernte spielt die Tageszeit keine Rolle, es sei denn, Sie ernten „nach dem Mond".

Die Früchte- und Samenernte sollte schon kurz vor der Reife erfolgen, um diese im Haus nachreifen zu lassen. Da nicht alle Früchte, Beeren und Samen gleichzeitig reifen, müssen wir uns hier mehrfach auf den Ernteweg begeben. Heilpflanzen, die als ganzes Kraut Verwendung finden, schneidet man mit einem Messer oder einer Schere so ab, dass die unteren verholzten Teile stehen bleiben.

Mit einem Schnitt ...

Es ist übrigens grundsätzlich ratsam, mit Messer oder Schere bewaffnet auf Erntestreifzüge zu gehen, denn das Abknicken, Abreißen oder Ganz-Herausreißen von Pflanzen ist nicht nur mühselig, sondern auch Pflanzen schädigend. Schließlich möchten wir uns länger an den Schätzen der Natur erfreuen und sie zu unserem Nutzen einsetzen.

Ich vergleiche meine Kräuter in diesem Zusammenhang häufig mit menschlichen Lebewesen. Ein sauberer Schnitt verheilt auch bei uns wesentlich einfacher und schneller als ein ab- oder herausgerissenes Gliedmaß. Hoffentlich sind Sie jetzt nicht schockiert, aber wenn ich mir so manchen Naturvandalismus anschaue, sei er nun bewusst oder unbewusst geschehen, so drängt sich mir dieser Vergleich eben auf. Ich glaube jedoch, dass wir heute in einer Zeit leben, in der man häufig nur mit schockierenden Bildern ein Umdenken bewirken kann.

Und was das Messer betrifft, so kann es durchaus auch als Waffe dienen, wenn man sich als weibliches Wesen einsam in Feld, Wald und Flur befindet. Auch das muss heutzutage im Zusammenhang mit dem „idyllischen" Leben auf dem Land einmal gesagt werden.

Pflanzen trocknen

Da ich jedoch keinen Kriminalroman, sondern ein Buch über „Flaschengeister" schreibe, möchte ich hier wieder auf meine Hauptdarsteller zurückkommen. Ich werden häufig gefragt, wann den nun ein Kraut richtig trocken ist. Das ist eine Frage, die sich nicht mit einem Satz beantworten lässt. Je fleischiger und saftiger das Pflanzenmaterial ist, um so länger wird auch die Trocknungszeit ausfallen.

Ein Duft zum Schwärmen:
Rosen in ihrer ganzen Pracht

Blüten können bereits nach ein bis zwei Tagen trocken sein. Blätter und Kräuterbüschel werden sicher vier bis fünf Tage brauchen und Wurzeln und Beeren benötigen eventuell sogar sechs bis sieben Tage, bis sie völlig trocken sind. Hier muss man tatsächlich eigene Erfahrungen sammeln.

Obwohl ich für meine Kräuteransätze häufig frische Pflanzen verwende, so bringt das vorherige Trocknen doch so einige Vorteile mit sich. Auf diese Weise kann man sich Vorräte anlegen, die zum Teil auch als Kräutertees Verwendung finden können. Auch der Wirkstoffgehalt der Kräuter ist wesentlich höher, da die wertvollen Inhaltsstoffe konzentrierter vorliegen, als in der frischen Pflanze. Ich muss allerdings zugeben, dass auch so manches feine Aroma durch das Trocknen verloren geht. Daher benutze ich häufig beides – frische und getrocknete Pflanzenteile –, um einen Ansatz herzustellen.

Ätherische Öle und Edelsteine

Die Seele der Pflanzen

Nun gibt es neben den oben erwähnten Zutaten in Form von Obst, Kräutern und Gewürzen aber noch ganz besondere Zutaten für alkoholische Ansätze, die ich als Kräuterhexe in meinen geheimen Rezepturen verwende. „Aither" bedeutet bei den Griechen „Himmelsduft" oder „Weite des Himmels", die Alchemisten kennen die „Quinta Essentia", lateinisch (= „das Fünfte Seiende") und in Frankreich und England redet man schlicht von „essences" oder „essential oils". Aber alle meinen das Gleiche, nämlich die „Seele der Pflanzen", die ätherischen Öle.

Diesen ätherischen Ölen haben wir es zu verdanken, dass wir uns am Duft der Blumen, Kräuter und Früchte erfreuen und sie in der Zwischenzeit mit Hilfe der Aromatherapie ganz gezielt zu Heilzwecken einsetzen können.

Nur in reinster Form

Wenn Sie einen alkoholischen Ansatz herstellen, werden diese Duft- und Aromastoffe aus den Pflanzen herausgelöst und ergeben so, neben Gerb- und Bitterstoffen, den spezifischen Geschmack ihres Heiltrankes oder Likörs.

Was liegt also näher, als diese ätherischen Öle, die in Reinstform gewonnen werden können, für die Herstellung von Heilschnäpsen, Likören oder als Küchenwürze zu verwenden. Dabei sollten Sie auf hundertprozentig reine ätherische Öle aus kontrolliert biologischem Anbau achten. Da diese Seelen der Pflanzen je nach Gewinnungsart oft sehr teuer sind, werden sie mit so genannten Trägerölen „gestreckt", die nicht für den innerlichen Gebrauch geeignet sind. Viele ätherische Billigöle werden mit Hilfe von chemischen Lösungsmitteln gewonnen, und sind daher sogar als gesundheitsschädlich anzusehen. Man erkennt sie am „Einheitspreis". Reine ätherische Öle werden durch unterschiedliche Verfahren gewonnen und haben daher unterschiedliche Preise.

Die „Seele der Pflanzen", wie die ätherischen Öle bezeichnet werden.

Geeignete Öle

Mit hunderprozentig reinen ätherischen Ölen veredle ich so manchen Heiltrank, damit er noch besser schmeckt und wirkt. Man muss jedoch unbedingt über die Wirkung und Anwendung dieser Substanzen Bescheid wissen, um nicht des Guten zu viel zu tun und dann unter Umständen sogar eine gesundheitsschädliche Wirkung zu erzielen. Ätherische Öle werden generell nur tropfenweise, sparsam und verdünnt angewendet. Für die Verwendung in Schnäpsen und Likören eignet sich: Rosmarin-, Thymian-, Zimtrinde-, Lavendel-, Pfefferminz-, Rosen-, Fenchel- und Melissenöl sowie alle Zitrusöle. Weniger geeignet sind schwere Düfte wie Jasmin, YlangYlang, Neroli- oder Patschuliöl.

Als Dosierungsbeispiel für einen Kräuterschnaps mit Rosmarin benötigen Sie für einen halben Liter zwei bis drei Tropfen reines ätherisches Rosmarinöl. Im Vergleich dazu benötigt der Badezusatz für ein Vollbad 10–15 Tropfen reines ätherisches Öl. Probieren Sie daher vorher die von Ihnen gewünschte Konzentration aus.

Ätherisches Öl für die Veredelung eines Elixiers

Nicht nur im Märchen ...

Eine ganz besondere Zutat für Kräuterhexenträke sind echte Edelsteine. Sie werden sich jetzt sicherlich fragen, ob ich vielleicht zu viele Märchenbücher über Zwergenschlösser im Erdinnern, Edelsteingebirge oder vergrabene Edelsteinschätze gelesen habe oder schlicht und ergreifend zu wohlhabend wäre, dass ich meine Edelsteine schon im Schnaps versenken kann.

Nun, was die Märchen betrifft, haben Sie nicht ganz unrecht, denn ich hatte bereits als Kind nicht nur zu den Pflanzen, sondern auch zu den Schätzen der Mutter Erde eine ganz besondere Beziehung. Ich habe schon in jungen Jahren selbst Edelsteinmärchen verfasst. Was allerdings den Reichtum betrifft, der dem Besitzer von Edelsteinen nachgesagt wird, so merke ich bis auf den heuti-

Es gibt eine ganze Reihe von sehr guten Büchern, die sich mit der Heilwirkung der Edelsteine gründlich befassen und auseinandersetzen. Ich kann daher nur aus eigener jahrelanger Erfahrung bestätigen, dass es „funktioniert". Und zwar auch bei nicht kopfgesteuerten Individuen wie Kindern und Tieren! Grundsätzlich wirken Edelsteine auf Grund ihrer Entstehung ihrer chemischen Zusammensetzung, ihrer elektromagnetischen Ladung, ihrer Farbausstrahlung, ihrer Härte, ihrer Transparenz und ihres Kristallsystems. Man spricht von einem Sender-Empfänger-Prinzip, in dem die Edelsteine mit uns Kontakt aufnehmen. Dieses Wissen ist übrigens schon uralt, denn Kristallen und Steinen wurde schon immer heilende Kräfte zugesprochen. Man hat in früheren Zeiten Edelsteine und Mineralien fein vermahlen und wie Medikamente eingenommen.

Heute wissen wir, dass Steine ständig Energie aufnehmen und wieder abgeben. Diese Energie tritt verändert als Wärme, Licht oder hochfrequente Strahlung aus. Der Stein nimmt mit uns Kontakt auf, indem sein eigenes elektromagnetisches Feld als Minisender auftritt. Wenn man nun davon ausgeht, dass Krankheiten oder Missempfinden das Ergebnis einer Störung der inneren Harmonie und der damit verbundenen Schwingungsdissonanz ist, ist es einleuchtend, dass Steine offensichtlich dazu in der Lage sind, diese Dissonanz gleichzurichten. Daraus erfolgen geistige, seelische und körperliche Reaktionen von unserem Organis-

gen Tag nichts davon, dafür bin ich aber ein glücklicher und zufriedener Mensch, und das ist mehr wert! Wenn ich also Edelsteine versenke, so ist das lediglich dazu gedacht, meine Tränke noch wirksamer zu machen.

Die Kraft der Edelsteine

Dazu muss ich die Sache jedoch etwas näher beschreiben. Eine wichtige Voraussetzung, um die Wirkung von Edelsteinen zu begreifen, ist die, dass man den Einfluss der Steine auf den Menschen bezüglich seines stofflichen und seines feinstofflichen Leibes kennt. Es würde allerdings den Rahmen dieses Buches sprengen, wenn ich über das Wie und Warum der vielschichtigen Wirkungen der Edelsteine oder Mineralien intensiv eingehen würde.

mus. Wenn ich nun die Information, das heißt die Heilwirkung eines Steines kenne, kann ich ihn gezielt im Krankheitsfall einsetzen.

Edelsteine vermitteln tatsächlich körperliche Linderung, seelische Stärkung und geistige Erkenntnisse auch in scheinbar ausweglosen Situationen. Als ganzheitliche Medizin werden Körper, Seele, Verstand und Geist gleichermaßen einbezogen.

Edelsteine in Elixieren

Was liegt also näher, als diese Helfer aus dem Mineralienreich der Natur auch in „geistreichen" Tränken anzusetzen. Edelstein-Elixiere sind Essenzen, die mit Doppelkorn angesetzt werden, in dem man die Steine über einen längeren Zeitraum, das heißt über Monate und manchmal sogar Jahre einlegt. Sie geben so ihre Eigenschaften an dieses Alkohol-Wassergemisch ab, da beide – Wasser und Alkohol – besonders aufnahmefähig sind. Auf dieser Basis sind bereits sehr viele Edelstein-Essenzen im Handel, so dass durch die Zugabe von Kräutern und Gewürzen ganz besondere Kräuterhexenspezialitäten entstehen. Ich möchte Ihnen diesen Zusammenhang anhand eines Beispieles näher erklären. Nehmen wir einmal an, Sie möchten einen ganz besonderen Verdauungstrank herstellen:

Dazu benötigen wir zunächst die Heilkräuter, die für dieses Problem in Frage kommen. Das wären zum Beispiel Salbei, Angelikawurzel, Anis, Kümmel und andere. Sie können alle Kräuter

Ein Kristall aus dem Innern der Berge

einzeln oder gemischt ansetzen. Die passenden Edelsteine wären Aragonit, Chrysokoll, Epidot oder Jaspis.

Um herauszufinden, welcher nun der Geeignetste ist, müssen wir die Ursache dieser Befindlichkeitsstörung näher kennen. Der Aragonit gehört zu der Mineralklasse der Karbonate. Er stärkt das Immunsystem und hilft allgemein bei Verdauungsstörungen. Der Chrysokoll dagegen reguliert die Schilddrüsenfunktion und hilft auf diese Art und Weise bei stressbedingten Verdauungsstörungen. Zudem besitzt er eine krampflösende Wirkung. Der Epidot regt die Leber an, fördert die Gallenproduktion und verbessert somit die Leber-Galle-gesteuerten Verdauungsprozesse der Fettbestandteile aus unserer Nahrung. Der Jaspis wirkt entgiftend und entzündungshemmend; er hilft so bei Verdauungs- und Darmbeschwerden.

Nützliche Gerätschaften

Flaschen und Co.

Doch nun zum praktischen Teil. Für die Herstellung von Schnäpsen und Likören sind nicht nur Spirituosen, verschiedene Heil- und Würzkräuter, Edelsteine und ätherische Öle notwendig, sondern auch allerlei Gerät, um aus diesen Zutaten die eine oder andere Spezialität abfüllen zu können.

Das Wichtigste sind jede Menge Flaschen. Große, kleine, dünne, dicke, bauchige, farbige, verzierte oder schnörkellose. Sie sollten auf jeden Fall transparent sein, damit die festen pflanzlichen oder steinigen Zugaben deutlich zu sehen sind. Viele Liköre und Schnäpse verändern durch die Einlagen von Pflanzen und Mineralien ihre Farbe, was zusätzlich sehr reizvoll aussieht.

Ich habe mir angewöhnt, jede halbwegs dekorative Flasche, die ich irgend-

Der original Hexentrank wird ordnungsgemäß versiegelt.

Damit sich der „gute Geist" nicht so schnell aus der Flasche entfernt.

wo herbekomme, zu sammeln. Bei meinen Streifzügen durch Kaufhäuser und Geschenkläden entdecke ich hin und wieder so manches Schnäppchen. Hier sollten Sie zugreifen, denn man weiß ja nie, wann man gerade diese Flasche gebrauchen kann.

Größere Mengen von leeren Schnapsflaschen bekommen Sie auch bei so manchem Gastwirt, der übrigens ganz froh ist, wenn Sie die Flaschenentsorgung übernehmen. Weitere wichtige Flaschen sind jene mit einem weiten Hals, wie zum Beispiel Saftflaschen oder Einmachgläser mit Schraubverschluss. In solche Flaschen können auch größere Frucht- oder Wurzelstücke gegeben werden. Für Kräuteransätze benötigen wir dann noch einige dickbauchige Flaschen mit einem Füllvolumen von fünf Litern. Dazu eignen sich italienische Landweinflaschen oder im Weinzubehörhandel erhältliche Ballonflaschen.

Korken ist nicht gleich Korken

Wenn Sie Flaschen mit Korkverschlüssen verwenden, sollten Sie unbedingt auf die Qualität des Korkes achten. Im Geschenkhandel gibt es oft so genannte Presskorkverschlüsse, das sind Korken aus vielen zusammengepressten Minikorkstückchen. Solche Deko-Korken stellen lediglich einen Staubschutz dar, denn sie sind luft- und flüssigkeitsdurchlässig. Das würde bei einem alkoholischen Ansatz bedeuten, dass er sich nach und nach dünne macht und verdunstet. Solche „Korken" sind auch nicht dicht, wenn die Flasche einmal umfällt. Aber selbst bei einem echten Korken sollten Sie darauf achten, dass er kompakt und nicht porös ist, sonst haben wir den gleichen Effekt.

Filtern und messen

Nachdem wir nun für die Behältnisse unserer Alkoholkreationen gesorgt haben, benötigen wir noch ein Plastiksieb, in welchem Früchte und Kräuter gewaschen oder aus dem fertigen Ansatz entfernt werden können. Um selbst kleinste Kräuter- und Obstpartikel abfiltrieren zu können, eignet sich ein Mulltuch oder das haushaltsübliche Kaffeefilterpapier. Verschieden große Trichter erleichtern das Abfüllen in Flaschen mit engen oder weiten Flaschenhälsen. Auch Messbecher mit großen und kleinen Einteilungen gehören zu der Standardausrüstung für „Schnäpsler". Für

Mit dieser Ausrüstung gelingt jeder Kräuterhexentrank.

das Abwiegen kleinster Mengen sollte neben einer Haushaltswaage gleichfalls eine Briefwaage zur Verfügung stehen.

Tröpfchen für Tröpfchen

Ätherische Öle werden tropfenweise verarbeitet, daher sollten auch einige Pipetten vorrätig sein. Achten Sie jedoch darauf, dass jedes ätherische Öl seine separate Pipette behält, da diese Aromen sehr intensiv sind und am Glas bzw. Gummiball haften bleiben. Zum Spülen legt man sie längere Zeit in heißes Wasser mit einem Schuss Alkohol.

Zu guter Letzt

Messer, Löffel, Kochlöffel und Soßenschöpfer befinden sich wohl in jeder Küchenschublade. Einen rauen Mörser zum Zerstoßen von Samen erhalten Sie in einem Haushaltswarengeschäft.

Gesunde und schmackhafte Kräutertränke

Rezeptangaben

Nach eigenem Geschmack

Mit den nun folgenden Rezepten möchte ich Sie in eine ganz besondere Welt der Kräuterhexenspezialitäten entführen. Das Brauen von Heil- und Zaubertränken war schon immer ein wichtiges Arbeitsgebiet der Kräuterhexen, Quacksalber und Alchemisten. Die Rezepturen waren zum Teil sehr abenteuerlich, und es war selten möglich, genaue Angaben in Gramm (g) und Litern zu machen. Auch heute verhält es sich noch ähnlich, wenn man versucht, die alten Hausrezepte aufzuschreiben. Es sind zum großen Teil Erfahrungswerte, für die weder Waage noch Messbecher nötig sind. Man spricht von einer „Handvoll", von einer „Tasse voll" oder von einer „Prise", ohne genaue Maßangaben.

Hier wird gründlich gefiltert, damit auch ja nichts passieren kann.

Da ich selbst ebenso wie meine Vorgängerinnen nach Erfahrungen arbeite, sind die folgenden Rezepturangaben lediglich als grobe Anhaltspunkte bezüglich Menge und Volumen gedacht. Je nach Vorliebe oder Geschmack können die Zutaten variiert werden. Das von mir vorgegebene Rezept bezieht sich immer auf die Menge von einem Liter und zwar nach meinem Geschmack! Sie werden jedoch schon bald Spaß am Experimentieren bekommen und eigene Kreationen herstellen.

An dieser Stelle möchte ich darauf hinweisen, dass die Kombination Alkohol und Zucker in vielen Fällen eine eher gesundheitsschädliche Wirkung zeigen kann. Besonders stark gezuckerte Liköre und Cocktails wie Kaffeelikör und die ganzen farbenfrohen Supermarkterzeugnisse mit meist künstlichen Aromen, aber auch liebliche Weine mit einem hohen Zuckergehalt erzeugen im Magen und Darm ungesunde Gärungsprozesse. Gerade mit Rum gibt es einige Mixrezepturen, die neben Zucker zudem noch größere Mengen Koffein beinhalten. Die negativen Auswirkungen auf Magen und Darm beziehungsweise Herz und Kreislauf können Sie sich wohl ausmalen.

Aus diesem Grund werden meine Kräuterhexenträtränke nur mit soviel Zucker oder Honig versetzt, dass er lediglich der Geschmacksabrundung dient.

Weine

Grundrezept für Kräuterwein

Als Basis für den Ansatz eines Kräuterweines dient häufig ein trockener
Weißwein. Aber auch Rotwein ist für
manche Rezepturen durchaus zu empfehlen. In einem Liter werden norma-
lerweise 10 g Kräuter angesetzt. Nach
acht bis zehn Tagen ist der Kräuteraus-
zug fertig und muss dann sauber abfiltriert werden. Jede Verunreinigung
führt zu einem „Kippen" des Weines
oder zur Trübung.
Der fertig filtrierte und auf Flaschen ge-
zogene Wein wird kühl und dunkel auf-
bewahrt. Er ist auf Grund seines gerin-
geren Alkoholgehaltes auch nur be-
grenzt haltbar.

**Ein Gläschen in Ehren – aber wirklich
nur eins!**

Die Dosierung von Kräuterweinen be-
trägt ein bis zwei Schnapsgläschen voll
pro Tag, die sinnvoller Weise immer vor
dem Essen getrunken werden sollten.

**Selbst eine solch wunderschöne alte
Waage sollte nicht zu häufig mit
Zucker beladen werden.**

Rosmarinwein gehört zu den ältesten „Arzneien". Ein Sträußchen Rosmarin (oben rechts)

den Wein sehr sauber abfiltrieren und in kleine Fläschchen füllen.

Dieser Rosmarinwein wirkt stark kreislauffördernd und blutdrucksteigernd. Sie sollten daher, falls Sie zu den „Niederdrucklern" gehören, immer ein Fläschchen in Reichweite haben. Die Dosierung lautet ein bis zwei Esslöffel voll bei Kreislauf bedingten Beschwerden. Achtung! Menschen, die zu hohem Blutdruck neigen, sollten Rosmarinwein meiden.

Mein Tipp: Der etwas „medizinische" Geschmack dieses Weines kann mit Mineralwasser oder Apfelsaft gemildert werden.

Rosmarinwein

Die Zutaten:

▶ 3 große Zweige Rosmarin, wenn möglich mit den Blüten
▶ 1 Liter Weißwein

So wird's gemacht:

Die Rosmarinzweige in eine gründlich gereinigte und ausgetrocknete Flasche geben, den Wein dazugießen. Die Flasche gut verschließen und vier Wochen im Hellen ausziehen lassen. Danach

Salbeiwein

Die Zutaten:

▶ 7 Zweige Gartensalbei, der möglichst mit Blüten geerntet werden sollte
▶ 1 Liter trockener Rot- oder Weißwein

So wird's gemacht:

Eine ausreichend große Flasche gründlich auswaschen und mit kochendem Wasser ausspülen und trocknen lassen. Die Salbeizweige hineingeben, mit dem Wein auffüllen und zwei Wochen im

50

Hellen stehen lassen – zum Beispiel auf der Fensterbank. Danach wird der Inhalt sehr gründlich filtriert, in die Flasche zurückgefüllt und gut verschlossen.

Salbeiwein ist eine Wohltat für die heißen Tage im Sommer, wenn das Schwitzen kein Ende mehr nehmen will und auch der Kreislauf leidet. Er wirkt schweißreduzierend und kreislaufstärkend. Salbeiwein schmeckt am besten als Schorle mit leicht gekühltem Mineralwasser.

Mein Tipp: Da Kräuterwein nach dem Anbruch rasch verbraucht werden sollte, ist es sinnvoll, ihn in kleine Flaschen abzufüllen. Bei längerem Anbruch geht der Wohlgeschmack verloren.

Die meisten Heiltränke werden im Hellen „ausgezogen", um anschließend nochmals zu reifen.

Buntlaubige Salbeistauden eignen sich in erster Linie als Schmuckstauden.

Löwenzahnwein

Die Zutaten:
- 30 ausgezupfte Löwenzahnblüten
- 1 Liter trockener Weißwein (Riesling)

So wird's gemacht:
Die Löwenzahnblütenköpfchen auf einem Tablett auslegen, damit sich mögliche Bewohner aus dem Staub machen können. Die gelben Kronblätter auszupfen, in eine helle Flasche geben, mit Weißwein auffüllen und 14 Tage im Hellen stehen lassen. Danach sauber abfiltrieren, in kleine Flaschen ($^1/_4$ Liter Inhalt) füllen. Kühl und dunkel lagern. Dieser Aperitifwein schmeckt wie trockener Sherry. Er sollte nicht sehr lange als Anbruch stehen bleiben.

Mein Tipp: Sammeln Sie die Blüten nur an sonnigen und warmen Tagen, da sie dann ganz geöffnet sind.

Liköre

Lavendellikör nach Art der Kräuterhexe

Die Zutaten:
- Blüten von 15 Stängeln Lavendel
- 20 g Verbenenblätter
- Schale einer unbehandelten Zitrone
- 1 Liter Obstschnaps
- 50 g weißer Kandiszucker

So wird's gemacht:

Die Blütenstände des Lavendels im Ganzen abzupfen. Die Verbenenblätter grob mit dem Messer hacken und zusammen mit der Zitronenschale und dem Kandiszucker in eine Flasche geben. Mit dem Obstschnaps auffüllen, vier Wochen im Hellen stehen lassen und ab und zu schütteln, damit sich der Zucker auflöst. Anschließend durch einen Kaffeefilter abfiltrieren und mit zwei Stängeln Lavendelblüten und etwas frischer Zitronenschale in Flaschen abfüllen.

Anis-Fenchel-Kümmel-Likör

Die Zutaten:
- 30 g Anis
- 30 g Fenchel
- 30 g Kümmel
- 2 Stängel Pfefferminze
- 100 g weißer Kandiszucker
- 1 Liter Topinambur

So wird's gemacht:

Anis, Fenchel und Kümmel in einem Mörser anstoßen, in ein ungebleichtes Teefilterpapier füllen und zubinden. Mit der frischen Pfefferminze und dem Zucker in eine Flasche füllen und mit dem Topinambur auffüllen. Zirka drei Wochen an einem warmen Ort stehen lassen, bis sich der Zucker aufgelöst hat. Danach abfiltrieren und in Fläschchen mit einem frischen Zweig Pfefferminze abfüllen.

Anis, Fenchel und Kümmel sind die klassischen Antibauchwehkräuter. Daher ist dieser Trank für Menschen geeignet, die unter Blähungen leiden. Der Zucker kann in diesem Fall auch weggelassen werden.

Ein Dessert der ausgefallenen Art: Waffelherzen aromatisiert mit Lavendellikör

Brombeerlikör

Die Zutaten:
- ▸ 500 g reife, späte Brombeeren
- ▸ 200 g Krümelkandis
- ▸ $^1/_4$ Liter halbtrockener Sherry
- ▸ $^3/_4$ Liter feiner Weinbrand

So wird's gemacht:

Die Brombeeren waschen, abtropfen lassen und vorsichtig trocken tupfen. Anschließend lagenweise mit dem Kandiszucker in eine Schüssel schichten und leicht drücken.

So lange stehen lassen, bis sich der Zucker fast ganz aufgelöst hat. Danach in eine große Flasche mit weitem Hals oder in ein Einmachglas füllen und mit dem Weinbrand auffüllen. Nach einer Woche den Sherry dazugeben, gut durchschütteln und nochmals vier Wochen stehen lassen. Durch ein mit ei-

Schon bei der Zubereitung duftet die ganze Stube nach Holunderblüten.

nem Mulltuch oder Küchenpapier ausgekleidetes Sieb filtrieren und in Flaschen füllen.

Mein Tipp: Für dieses süffige Getränk sollten Sie unbedingt nur vollreife süße Brombeeren verwenden. Den Brombeerlikör genießt man pur zur „blauen Stunde", die allerdings nicht wörtlich gemeint ist.

Holunderblütenlikör

Die Zutaten:
- ▸ 4 Holunderblütendolden
- ▸ 100 ml Holunderblütensirup
- ▸ 1 Liter Obstbrand

So wird's gemacht:

Für den Holunderblütensirup werden frisch gepflückte Blütendolden kurz abgewaschen und auf einem saugfähigen Küchenpapier ausgebreitet. Die dicken Mit-

Zwei aromatische Vertreter aus der Reihe der Blütenliköre: Lavendellikör und Holunderblütenlikör

Ob diese Himbeeren überhaupt noch im Schnaps landen?

Sommerbeerenlikör

Die Zutaten:
- insgesamt 500 g Himbeeren, Erdbeeren und Johannisbeeren
- $^1/_2$ Vanillestange
- 2 Esslöffel Akazienhonig
- $^3/_4$ Liter Obstler
- $^1/_4$ Liter sehr guter Weinbrand

So wird's gemacht:

Die Sommerbeeren waschen und vorsichtig trocken tupfen und zusammen mit der aufgeschlitzten Vanilleschote in eine Flasche geben. Mit dem Obstschnaps und dem Weinbrand auffüllen. Nach vier Wochen Reife die Beeren und die Vanilleschote abseihen und mit dem Honig süßen.

Dieser sommerlich fruchtige Likör kann als Basis für Mixgetränke dienen. Er schmeckt besonders gut in Desserts wie Obstsalat und Eis.

Mein Tipp: Die ausgelaugten Beeren sehen zwar nicht mehr so schön aus, sie können aber püriert unter Schlagsahne gemischt werden und als besondere Zugabe zu Kuchen und Waffeln dienen.

telstiele schneidet man mit einer Schere ab. Nun wiegt man 100 g abgetrocknete Blüten ab und schichtet sie lagenweise mit den Scheiben von zwei unbehandelten Zitronen in eine Schüssel. In einem $^1/_4$ Liter Wasser werden 400 g Zucker aufgelöst (durch Erwärmen). Diese Lösung und der Saft von zwei ausgepressten Zitronen werden zu den Blüten und den Zitronenscheiben gegeben. Man deckt das Ganze mit Folie ab und lässt es zwei bis drei Tage stehen. Danach wird alles durch ein Tuch abgeseiht und in eine gut schließende Flasche abgefüllt.

Man gibt die vier Holunderblütendolden in eine Flasche und gießt mit dem Obstschnaps auf. Nach vier bis sechs Wochen ergänzt man diesen Ansatz mit 100 ml Holunderblütensirup und lässt ihn noch einmal vier Wochen reifen.

Das ist schon etwas Leckeres: Obstsalat mit Herbstlikör

Herbstfrüchtelikör

Die Zutaten:
- 300 g reife Herbstfrüchte: Zwetschen, Preiselbeeren, Birnen, Weintrauben, Brombeeren, Himbeeren, Heidelbeeren und andere
- 1 Zimtstange
- 100 g brauner Kandiszucker
- 1 Liter evangelischer Schnaps oder Birnenbrand

So wird's gemacht:

Das Obst gründlich waschen und gut trocken tupfen. Bei Steinobst die Steine entfernen, davon aber zwei Stück zerschlagen und mit dem Obst zusammen abwechselnd mit dem Kandiszucker in eine ausreichend große Flasche füllen Über Nacht zugedeckt stehen lassen. Am nächsten Tag den Liter Schnaps dazugießen und gut verschließen.

Den Ansatz hell aber nicht sonnig zwischen vier und sechs Wochen reifen lassen, dabei nicht vergessen, täglich einmal durchzurütteln, damit sich der Zucker auflösen kann. Danach durch ein Mulltuch abseihen und in schöne Flaschen füllen. In die Flaschen kann man zuvor ein oder zwei Stückchen der Herbstfrüchte geben.

Mein Tipp: Für diesen Likör können Sie sehr gut länger liegen gebliebene aber einwandfreie Weintrauben verwenden. Der Zuckeranteil kann dann auf 50 g reduziert werden.

Der Herbstfrüchtelikör kann auch als Basis für fruchtige Mixgetränke oder schmackhafte Desserts verwendet werden.

Im Sommer und Herbst entstehen die fruchtigen Liköre wie Sommerlikör (links) und Herbstlikör (rechts).

Apfelminzelikör

Die Zutaten:
- 6 Stängel Apfelminze (besondere Minze-Art)
- 10 Verbenenblätter
- 4/10 Liter Apfelsaft
- 3 Sternanise
- 4 Esslöffel Krümelkandis
- 1 Liter guter Armagnac

So wird's gemacht:

Die Apfelminze, die Sternanise und die grob geschnittenen Verbenenblätter mit dem Apfelsaft in eine Flasche geben und mit dem Armagnac auffüllen. Zwei Monate reifen lassen, abfiltrieren und mit dem Krümelkandis noch einmal etwa 14 Tage stehen lassen, dabei täglich einmal rütteln. Diesen fruchtigen Kräutertrank genießt man pur.

Schlehenlikör

Die Zutaten:
- 1 kg Schlehen (nach dem ersten Frost geerntet)
- 500 g brauner Kandis
- 1 Vanilleschote
- 1 Zimtstange
- 1 $\frac{1}{2}$ Liter Gin

So wird's gemacht:

Die Schlehen waschen und mit einem alten Küchentuch trocken tupfen. In einen großen Topf geben und mit kochendem Wasser so weit übergießen, dass die Schlehen gerade bedeckt sind. Diesen Ansatz lässt man über Nacht stehen. Am nächsten Tag sind die Schlehen durch die Wasseraufnahme aufgeplatzt. Das restliche Wasser weggießen.

Reife Quitten – schade, dass Sie diesen Anblick nicht auch riechen können.

Schlehen mit heißem Wasser übergießen – das lästige Einstechen entfällt.

Nun werden die Früchte schichtweise mit dem Kandis in eine große Schüssel gegeben und noch einmal über Nacht stehen gelassen, damit sich der Zucker auflösen kann. Am folgenden Tag wird dieser Ansatz zusammen mit der Zimtstange und der aufgeschlitzten Vanilleschote in eine ausreichend große Flasche gegeben und mit dem Gin aufgefüllt. Nach vier bis sechs Wochen Reifezeit hat sich die Flüssigkeit in ein tiefes Karminrot verfärbt und kann nun abfiltriert werden.

Würzige Quitte

Die Zutaten:
- 1 große oder 2 kleine Quitten
- 2 Zimtstangen
- 20 g getrocknete oder frische Orangenschale
- 10 Wacholderbeeren
- 10 g Gewürznelken
- 10 g Kardamomkapseln
- 6 Sternanise
- 10 g Anis
- 10 g Koriander
- 100 g brauner Kandiszucker
- 1 Liter Obstbrand oder reiner Birnenschnaps

Hier sehen Sie das Ergebnis einer stacheligen Ernte mit gefrorenen Fingern: Schlehenlikör.

So wird's gemacht:

Die Quitten mit einem Tuch abreiben und in kleine Würfel schneiden. Nelken, Anisfrüchte und Koriandersamen in einem Mörser kurz anstoßen. Die Quitten zusammen mit dem Zucker über Nacht stehen lassen und am nächsten Tag zusammen mit den Gewürzen in eine große Flasche geben. Den Likör einen Monat im Hellen stehen lassen und ab und zu etwas schütteln. Danach abfiltrieren und in Karaffen füllen.

Mein Tipp: Dieser herbstliche Likör schmeckt besonders gut in der Adventszeit und wird auch sehr gerne als Geschenk in Empfang genommen. Denken Sie daran bei der Zusammenstellung der Zutaten und nehmen Sie lieber das Doppelte.

Erdbeer-Minze-Likör

Die Zutaten:

- ▸ 200 g späte Sommererdbeeren
- ▸ 3 Stängel Minze
- ▸ 4 Esslöffel Akazienhonig
- ▸ 1 Liter Obstschnaps

So wird's gemacht:

Die Erdbeeren waschen, trocken tupfen und halbieren. Die Minze in eine Flasche stecken, die Erdbeeren dazu geben und mit dem Obstschnaps auffüllen. 14 Tage im Hellen stehen lassen. Danach die Erdbeeren und die Minze entfernen und den Auszug durch ein Kaffeefilterpapier abfiltrieren. Den Honig dazugeben und noch einmal eine Woche reifen lassen.

Dieser fruchtige, intensiv nach Erdbeeren schmeckende Likör eignet sich sehr gut für sommerliche Mixgetränke und Eistee.

Lecker aber anstrengend – die Ernte von saftig roten Erdbeeren

dem Waldmeisterkraut in ein Teefilterpapier füllen und zubinden. Das Johanniskraut, die Zitronenmelisse und die Pfefferminze in eine Flasche stecken, das Teefiltertütchen dazugeben und mit dem Obstler auffüllen. Drei Wochen im Zimmer stehen lassen und ab und zu etwas schütteln. Nach dieser Zeit kann der Teebeutel entfernt werden. Die restlichen Kräuter bleiben in der Flasche. Durch die Zugabe von Kandiszucker wird das Aroma abgerundet.

Dieser beruhigende Ansatzschnaps ist für alle nervösen und gestressten Erwachsenen geeignet. Dosierung: Zweimal täglich 30 ml.

Für alle, die es bitter mögen (oder brauchen) – der echte Kräutehexentrank

Schnäpse

Antistress-Schnaps

Die Zutaten:
- 2 Blütenstände des echten Johanniskrautes
- 20 g Baldrianwurzeln
- 3 Stängel Zitronenmelisse
- 10 g Fenchel
- 10 g Weißdornblüten
- 10 g Kamillenblüten
- 2 Stängel Pfefferminze
- 10 g Waldmeisterkraut
- 50 g Krümelkandis
- 1 Liter Obstler

So wird's gemacht:
Den Fenchel im Mörser anstoßen und mit den getrockneten Baldrianwurzeln, Weißdornblüten, Kamillenblüten und

Grappa di Ruta

Die Zutaten:
- 3 Stängel frische Weinraute
- 3 Esslöffel Akazienhonig
- 1 Liter guter Grappa (Tresterschnaps)

So wird's gemacht:

Die Weinrautenstängel unzerkleinert in eine Flasche geben und mit dem Grappa auffüllen. Vier Wochen in einer dunklen Ecke des Zimmers ausziehen lassen. Der Grappa hat sich dann giftgrün verfärbt. Als Geschmacksabrundung den Akazienhonig dazugeben und noch einmal vier Wochen reifen lassen. Die Weinraute nicht entfernen, sondern als Dekoration in der Flasche lassen. Durch den hohen Bitterstoffgehalt der Weinraute bekommen wir einen vorzüglichen Aperitif. Es reichen zwei Esslöffel voll vor dem Essen.

Mein Tipp: Wenn Sie diesen Ansatz auf kleine Flaschen verteilen möchten, entfernen Sie die Weinrautenstängel und geben Sie zur Dekoration in jede Flasche ein kleines Fiederblättchen dieser Staude.

Das ist eine Zutat zahlreicher wohltuender Heiltränke – die Echte Pfefferminze.

Jetzt können Sie Italien auch zu Hause fühlen und schmecken, mit einem Grappa di Ruta.

Der echte Kräuterhexentrank

Die Zutaten:
- 6 Blätter frischer Wermut
- 3 Zweige frische Weinraute
- 3 Blütenstände des echten Johanniskrautes
- 10 frische Salbeiblätter
- 3 Stängel frische Krauseminze
- 1 Liter evangelischer Schnaps

So wird's gemacht:

Alle Zutaten in eine große Flasche füllen und mit dem Schnaps aufgießen. Nach 14 Tagen ist der Kräuterhexentrank giftig grün und bereits gebrauchsfertig. Die Kräuter können in der Flasche bleiben.

Bei dieser Spezialität handelt es sich um einen extrem bitteren Heiltrank ge-

gen Verdauungsbeschwerden. Er muss bei der Einnahme im Verhältnis 1 : 1 mit Wasser verdünnt werden, das heißt, einen Esslöffel Kräuterhexentrank plus ein bis zwei Esslöffel Wasser. Sie können diesen Trank auch nach dem Essen einnehmen.

Mein Tipp: Wenn Sie zum Essen eingeladen sind und keine Ahnung davon haben, was man Ihnen vorsetzt, sollten Sie diesen Heiltrank immer griffbereit haben. Apropos Promille: Keine Angst, bei dieser Verdünnung besteht keine Gefahr!

Bohnenkrautschnaps

Die Zutaten:

- 100 g frisches Bohnenkraut
- 20 g frischer Ysop
- 10 g getrockneter grüner Pfeffer
- 1 Knoblauchzehe
- 1 Liter Doppelkorn

Erste Hilfe von der Kräuterhexe bei Magenverstimmungen

Ein Bärlauchschnaps tut so manchem „Hochdruckler" gut.

So wird's gemacht:

Das Bohnenkraut und den Ysop mit dem Messer klein schneiden, den Pfeffer anstoßen, die Knoblauchzehe schälen und kurz anquetschen. Alle Zutaten in eine Flasche geben und mit dem Doppelkorn auffüllen. Nach vier Wochen abfiltrieren und mit je einem Zweig Bohnenkraut und Ysop in Flaschen füllen. Dieser außergewöhnliche Schnaps aus dem Küchenkräutergarten wirkt desinfizierend, krampflösend, verdauungsfördernd und anregend.

Bauchwehschnaps

Die Zutaten:

- 20 g Blutwurzel
- 10 g Kardamomkapseln
- 10 g Angelikawurzeln
- 10 g Anis

- 2 Blütenstände des echten Johannis-krautes
- 1 Zweig Krauseminze
- 1 Liter Topinambur

So wird's gemacht:

Die Blutwurzel, die Kardamomkapseln und die Angelikawurzel mit den ange-stoßenen Anisfrüchten in eine Flasche geben und mit dem Topinambur auffül-len. Nach drei Wochen abfiltrieren. Die Johanniskrautblüten und die Krause-minze in die Flasche stecken und mit dem filtrierten Ansatz wieder auffüllen. Sollte die Flasche nicht ganz voll wer-den, mit Topinambur nachfüllen. Noch-mals 14 Tage im Hellen stehen lassen. Die Kräuter können in der Flasche blei-ben.

Estragon-Anis-Schnaps

Die Zutaten:

- 10 Stängel französischer Estragon (es können auch mehr sein)
- 20 g gestoßene Anisfrüchte
- 1 Liter Doppelkorn

So wird's gemacht:

Die Estragonzweige, es sollte unbedingt der stark aromatische französische sein, gut waschen und trocken tupfen. Die Anisfrüchte im rauen Mörser kurz an-stoßen, damit das ätherische Öl freige-setzt wird, und sofort in eine ausrei-chend große Flasche füllen. Die Estra-gonzweige dazugeben und mit dem Doppelkorn auffüllen. Diesen Ansatz in der hintersten Zimmerecke (nicht im Hellen) drei Monate lang reifen lassen. Die Flüssigkeit hat sich dann grün ge-färbt.

Offensichtlich finden nicht nur wir Men-schen Gefallen an Ysop und seinen herr-lich blauen Blüten.

Den Ansatz durch ein Sieb abseihen und in dekorative Fläschchen abfüllen. Estragon-Anis-Schnaps ist ein milder und wohltuender Verdauungsförderer.

Bärlauchschnaps

Die Zutaten:

- 20 frische Bärlauchzwiebelchen mit ihren Blättern
- 1 Liter Doppelkorn

So wird's gemacht:

Den Bärlauch am besten büschelweise ausgraben und unter fließendem Wasser gründlich reinigen. Die Zwiebelchen ganz lassen und die Blätter grob hacken. Die Zutaten zusammen in eine Flasche geben und mit dem Doppelkorn auffüllen. Zwei Monate schattig reifen lassen und anschließend abfiltrieren.

Bärlauch wirkt blutdrucksenkend, so dass dieser Ansatz ganz besonders für Menschen mit hohem Blutdruck geeignet ist. Er wirkt aber auch generell vorbeugend bei Durchblutungsstörungen und Neigungen zu Arteriosklerose.

Dosierung: Zweimal täglich 20 ml Bärlauchschnaps (am besten morgens und abends).

Hier sehen Sie ein ganzes Sortiment wohltuender Helfer auf alkoholischer Basis: Minze, Zimt und Fenchel.

Milder Kräutergeist

Die Zutaten:

▸ 3 Stängel französischer Estragon
▸ 3 Stängel Minze
▸ 10 Blätter Gartensalbei
▸ 5 große Fiederblätter des Bronzefenchels
▸ 10 Kardamomkapseln
▸ 10 Pimentfrüchte (Nelkenpfeffer)
▸ 1 Zimtstange
▸ 1 Liter Wodka oder Kümmelschnaps

So wird's gemacht:

Die Kräuter und Gewürze in eine Flasche geben und mit dem Alkohol auffüllen. Der ganze Ansatz wird vier Wochen im Hellen ausgezogen und ohne Zugabe von Zucker in Flaschen abgefüllt.

Dieser milde Kräutergeist eignet sich besonders zur Unterstützung der Verdauung bei Menschen, die keine Bitterstoffe mögen.

Blutwurzelschnaps nach Art der Kräuterhexe

Die Zutaten:

▸ 3 Sternanise
▸ 20 g Blutwurzel
▸ 5 g Angelikawurzel
▸ 5 g Kardamomkapseln
▸ 5 g geschroteter Zimt
▸ 5 g gestoßene Wacholderbeeren
▸ 5 g geschnittene, getrocknete Wermutblätter
▸ 5 g getrocknete Orangenschalen
▸ 1 Liter Topinambur

Auch die Dekoration trägt ihren Teil dazu bei, ob ein Heiltrank überhaupt optisch anspricht. Hier: Liebstöckel-Petersilien-Schnaps.

So wird's gemacht:

Diese Kräuter-Würzmischung wird in eine Weithalsflasche mit einem Liter Fassungsvermögen gegeben, mit dem Topinambur aufgefüllt und gut verschlossen. Den Ansatz lässt man vier Wochen im Hellen stehen. Danach wird abfiltriert und mit zwei Esslöffeln Krümelkandis leicht gesüßt. Noch einmal 14 Tage reifen lassen.

Mein Tipp: Dieser Blutwurzelschnaps tut gut bei Verdauungsstörungen, die mit Durchfall einhergehen. Für diesen Zweck sollten Sie allerdings keinen Zucker hinzufügen.

Liebstöckel-Petersilien-Schnaps

Die Zutaten:
▸ 5 Stängel Liebstöckel
▸ 5 große Stängel Petersilie
▸ 10 g Anisfrüchte
▸ abgeschälte Schale einer kleinen Zitrone
▸ 1 Liter Wodka

So wird's gemacht:

Die frischen Liebstöckel- und Petersilienstängel waschen und grob mit dem Messer hacken, die Anisfrüchte im Mörser anstoßen, alles zusammen in eine Weithalsflasche geben und mit Wodka auffüllen. An einem schattigen, warmen Ort vier Wochen ziehen lassen und anschließend abfiltrieren.

Dieser „Suppenkräuterschnaps" wirkt entwässernd und entschlackend. Ein Schnapsglas voll täglich genügt.

Mein Tipp: Wenn Sie diesen Ansatz verschenken möchten, geben Sie ein Blättchen Liebstöckel und ein Stückchen Zitronenschale als Dekoration mit in die Flasche.

Der Blutwurzelschnaps wird seit alters bei Verdauungsbeschwerden empfohlen.

Löwenzahnschnaps

Die Zutaten:

- 30 abgezupfte Löwenzahnblütenköpf-chen
- 3 Stängel Zitronenmelisse
- 2 Blätter Wermut (oder 4 g getrock-nete Wermutblätter)
- 1 Liter Obstschnaps

So wird's gemacht:

Die Löwenzahnblütenköpfchen an ei-nem sonnigen warmen Tag ernten und eine Stunde auf einem Tablett auslegen. Auf diese Weise können eventuelle Be-wohner, in Form von kleinen schwarzen Käfern, das Weite suchen. Die Blüten nicht waschen, zusammen mit der Zi-tronenmelisse und dem Wermut in eine Weithalsflasche geben und mit dem

Ein Löwenzahn-schnaps für Menschen, die keine starken Bitterstoffe vertragen

So gesund die Schwarzen Johannisbeeren auch sind, ich kann sie einfach nicht riechen!

Obstler auffüllen. Nach 14 Ta-gen im Hellen hat sich der Alkohol goldgelb gefärbt und kann abfiltriert wer-den.

Als Aperitif ge-reicht, veranlasst dieser Schnaps unsere Leber und Galle dazu, ihre Tätigkeit aufzunehmen. Auf die-se Art und Weise können Verdau-ungsstörungen, die durch vermin-derte Gallensekretion auftreten kön-nen, vermieden werden. Die Leber sollte aber, wie bei allen alkoholischen Trän-ken, gesund und funktionstüchtig sein. **Mein Tipp:** Da es sich um einen verdau-ungsförderlichen Heiltrank handelt, ist von einer Zuckerzugabe abzusehen.

Wermutbitter

Die Zutaten:

- 5 große Blätter von der Wermutstaude
- 2 Zimtstangen
- Schale einer großen unbehandelten Orange
- 1 Liter Obstbrand

So wird's gemacht:

Die Wermutblätter kurz abspülen, mit den leicht zerbrochenen Zimtstangen und der Orangenschale in eine Flasche geben und mit dem Obstschnaps auffüllen. Den Ansatz drei Wochen lang an einem hellen Ort stehen lassen und anschließend abfiltrieren. Wer möchte, kann den fertigen Ansatz mit etwas Honig süßen. Dann sollte man aber noch einmal zwei Wochen abwarten, bis man ihn als verdauungsfördernden Bittertrank genießt. Dosierung: $1/5$ Liter vor oder nach dem Essen

Mein Tipp: Regelmäßiger Genuss von Wermut und in höheren Dosen schädigt das Nervensystem. Dies hat dazu geführt, dass sich so mancher Wermutbruder im „Delirium tremens" (= „Säuferwahnsinn") von dieser Welt verabschiedet hat!

nisbeeren, dem Zimt und dem Ingwer in eine Flasche geben und mit Gin auffüllen. Den Ansatz vier Wochen lang bei täglichem Schütteln im Hellen stehen lassen, danach abfiltrieren und nochmals vier Wochen ruhen lassen. Anschließend in schöne Flaschen füllen und mit einem eingelegten Wacholderzweig oder den Johannisbeerblättern dekorieren.

Mein Tipp: Dieser Wacholdertrank schmeckt zwar etwas herb, ist aber wohltuend bei „übersättigtem Magen". Ich habe die Erfahrung gemacht, dass er durch längere Lagerung immer besser wird.

Bei richtigem Umgang mit Alkohol ist dieser Wacholder-Johannisbeer-Schnaps eine gesunde Sache.

Wacholder-Johannisbeer-Schnaps

Die Zutaten:
- 50 g gestoßene Wacholderbeeren (extra Qualität aus der Apotheke)
- 200 g frische abgezupfte Schwarze Johannisbeeren
- 1 Wacholderzweig oder 5 frische Blätter des Johannisbeerstrauches
- 2 Zimtstangen
- 1 Stückchen frischer Ingwer
- 1 Liter trockener Gin

So wird's gemacht:
Die Wacholderbeeren mit den gewaschenen und trocken getupften Johan-

Elixiere

Theriak mit Honig

Die Zutaten:
- 5 g geschroteter Zimt
- 10 g Kardamomkapseln
- 2 g Myrrhe
- 10 g Angelikawurzel
- 10 g Baldrianwurzel
- 10 g Zitwerwurzel
- 10 g Blutwurzel
- 20 g frische oder getrocknete Pfefferminze
- 20 g Schlangenwurzel
- 30 g Rosinen
- 6 Esslöffel Akazienhonig
- 1 Liter Obstler

So wird's gemacht:
Alle Wurzeln mit einer alten elektrischen Kaffeemühle zerkleinern (so gut es geht). Anschließend mit dem Zimt und der Myrrhe (Harz) vermischen, zusammen mit der Pfefferminze und den Rosinen in eine bauchige Flasche geben und mit dem Schnaps auffüllen. Dieser Ansatz sollte mindestens zwei bis drei Monate reifen.

Danach durch ein Kaffeefilterpapier filtrieren und den Honig dazugeben. Noch einmal eine Woche stehen lassen. Dieser klassische Bittertrank, dessen Urrezept bereits aus der Antike stammt, gilt heutzutage als Universalheilmittel gegen akute Verdauungsstörungen. Früher nahm man den Theriak als so genanntes Antidot, das heißt als Gegenmittel bei Vergiftungen. Ich muss von solch einer Anwendung aber dringend abraten, obwohl der Theriak bei einer abklingenden Salmonellenvergiftung unterstützend wirken kann. Eine Überdosierung ist allerdings aufgrund seines „gewöhnungsbedürftigen" Geschmackes nicht zu befürchten.

Herzstärker-Elixier

Die Zutaten:
- 200 g Hagebutten
- 100 g Weißdornfrüchte
- 50 g getrocknete Weißdornblüten
- 10 g getrocknetes Waldmeisterkraut
- 1 Liter Wodka

So wird's gemacht:
Die Hagebutten waschen, den Stiel und das schwarze Häubchen abschneiden. Die Weißdornfrüchte ebenfalls waschen und trocken tupfen. Die Früchte mit

Bei der Hagebuttenernte kann es ganz schön pieksen.

Eine Wohltat, besonders für ältere Herrschaften, ein Herzstärker-Elixier

den getrockneten Weißdornblüten und dem getrockneten Waldmeisterkraut in eine Flasche füllen und mit dem Wodka aufgießen. Zwei Wochen lang ziehen lassen, dabei täglich schütteln und anschließend filtrieren. Das Herzstärker-Elixier hat sich dann rötlich gefärbt und kann getrunken werden.

Da Weißdorn ein hervorragendes Herzmittel darstellt, ist dieses Elixier besonders für jene Menschen zu empfehlen, die unter nervösen Herzbeschwerden oder Altersbluthochdruck leiden. Die Dosierung wäre in diesem Fall zweimal täglich 30 ml.

Mein Tipp: Sie können dieses Elixier auch jederzeit aus getrockneten Früchten herstellen.

Bald ist es soweit und der Ansatz kann abfiltriert werden.

Ein Schafgarben-Rosmarin-Elixier wirkt kreislaufstärkend und verdauungsfördernd.

Lavendel-Minze-Elixier

Die Zutaten:
- 20 Stängel frische Lavendelblüten
- 5 Zweige frische Minze
- 30 g abgezupfte Verbenenblätter
- 2 Zimtstangen
- 20 g gestoßene Fenchelfrüchte
- 1 Liter Obstler

So wird's gemacht:
Den Lavendel, die Minze, die Verbenenblätter und die Gewürze in eine Flasche geben und mit dem Obstler auffüllen. Das Ganze zwei Monate im Hellen rei-

fen lassen. Danach abfiltrieren und mit 100 g weißem Kandiszucker süßen.

Dieses verdauungsförderliche Elixier schmeckt besonders angenehm durch das Zitronenaroma der Verbene. Es eignet sich besonders bei Blähungen. Dosierung: Ein Schnapsgläschen voll vor dem Essen.

Schafgarben-Rosmarin-Elixier

Die Zutaten:
- 5 Schafgarbenstiele mit Blüten und Blättern
- 2 Zweige Rosmarin
- 1 Liter Wodka

So wird's gemacht:
Die Kräuter in eine Flasche stecken und mit dem Wodka auffüllen. 14 Tage im Hellen stehen lassen, danach können Sie die Zweige wieder entfernen oder aber in der Flasche belassen.

Das Schafgarben-Rosmarin-Elixier wirkt verdauungsfördernd, krampflösend und kreislaufanregend. Es sollte daher nicht unbedingt vor dem Zu-Bett-Gehen getrunken werden.

Kardamom-Vanille-Elixier

Die Zutaten:
- 4 Vanilleschoten
- 250 ml Wasser
- 150 ml Weingeist (90 % Vol.)
- 500 ml Cognac
- 200 g Zucker
- 20 g grüne Kardamomkapseln
- 50 g frischer Ingwer in Stückchen

So wird's gemacht:
Die Vanilleschoten auskratzen. Schoten und Mark mit dem Wasser und dem Zucker in einen Topf geben und 15 Minuten kochen lassen. Die Vanille herausnehmen und die abgekühlte Flüssigkeit in eine ausreichend große Flasche filtrieren. Die Kardamomkapseln und den Ingwer dazugeben und mit dem Cognac auffüllen. Vier Wochen im Dunkeln ziehen lassen, danach abseihen und in eine Karaffe füllen.

Dieses leckere orientalisch schmeckende Elixier ist für ganz besondere Gelegenheiten gedacht. Es eignet sich hervorragend zu einem Eisdessert oder zum Mokka.

Eine Spezialität der ganz besonderen Art: **Kardamom-Vanille-Elixier**

Elixiere mit ätherischen Ölen

Kräuter-der-Provence-Likör mit Thymianöl

Die Zutaten:
- 1 Zweig Basilikum
- 1 Zweig Bohnenkraut
- 1 Zweig Rosmarin
- 1 Zweig Krauseminze
- 3 Stängel blühender Lavendel
- 10 g Fenchel
- 10 g Anis
- 10 g Koriander
- 10 g getrockneter Oregano
- 5 g getrockneter Majoran
- 5 Tropfen ätherisches Thymianöl
- 1 Liter Doppelkorn
- 4 Esslöffel Lavendelhonig

So wird's gemacht:

Die Kräuterzweige an einem warmen sonnigen Tag am Vormittag schneiden, kurz abwaschen und trocken tupfen. Fenchel, Anis und Korianderfrüchte im Mörser anstoßen, mit dem Oregano und dem Majoran in einen Teefilterbeutel geben und diesen zubinden. Alles zusammen in eine ausreichend große Weithalsflasche geben und mit dem Doppelkorn aufgießen. Zum Schluss das Thymianöl mit der Pipette tropfenweise dazugeben. Die Flasche gut verschließen und vier bis sechs Wochen im Hellen stehen lassen. Danach die Kräuter entfernen und mit dem Lavendelhonig süßen. Sie sollten diesen Ansatz noch etwa 14 Tage ruhen lassen.

Dieser ungewöhnliche Likör stellt auf Grund seiner Inhaltsstoffe einen vorzüglichen Aperitif dar. Daher sollte man ein Schnapsglas voll vor dem Essen genießen.

Mein Tipp: Wenn keine frischen Kräuter vorhanden sind, können Sie auch getrocknete verwenden. Ein Zweig entspricht einem Teelöffel getrocknetes Kraut.

Hätten Sie gedacht, dass man die Kräuter der Provence auch trinken kann?

Diese wunderschönen Rotkleeblüten sind für Kühe viel zu schade.

Pfefferminzlikör mit Rotkleeblüten und Pfefferminzöl

Die Zutaten:
- 4 große Zweige echte Pfefferminze
- 200 g weißer Kandiszucker
- 10 Rotkleeblüten
- 6–10 Tropfen ätherisches Pfefferminzöl
- 1 Liter Wodka
- 5 Gewürznelken

So wird's gemacht:
Die Pfefferminzzweige an einem warmen sonnigen Tag im Garten ernten, kurz abwaschen und trocken tupfen.

In der Provence wächst der meiste Lavendel auf den Feldern.

Entfernen Sie dabei die kleinen, schwarzen Käfer, die sich mit Vorliebe auf den Pfefferminzblättern aufhalten. Die Zweige steckt man in eine ausreichend große Flasche und gibt die ausgezupften Rotkleeblüten und die Nelken dazu. Mit dem Wodka auffüllen, den Kandiszucker und das Pfefferminzöl mit der Pipette dazugeben. Die Flasche verschließen und einmal gut durchschütteln. Im warmen Zimmer sechs Wochen stehen lassen. Ab und zu schütteln, damit sich der Zucker gut auflöst. Danach den Ansatz durch ein Plastiksieb geben und die Flüssigkeit zusammen mit je zwei Blättchen Pfefferminze und drei Rotkleeblüten in kleinere Flaschen abfüllen.

Dieser Pfefferminzlikör hat eine wohltuende und auf die Atemwege befreiende Wirkung. Es ist eine hervorragende Basismischung für sommerliche Erfrischungsgetränke.

Für alle, die es ganz zitronig lieben – Verbenenlikör

Hagebuttenlikör mit Zimtrindenöl

Die Zutaten:
- ▶ 400 g Hagebutten
- ▶ 200 g Krümelkandiszucker
- ▶ 1 Zimtstange
- ▶ 10 frische Verbenenblätter
- ▶ Schale einer halben Zitrone
- ▶ 10 Tropfen ätherisches Zimtrindenöl
- ▶ 1/4 Liter Cognac
- ▶ 3/4 Liter Obstschnaps

So wird's gemacht:
Von den Hagebutten die Stängel und das schwarze Köpfchen abschneiden, waschen und gründlich trocknen lassen. Die Früchte mit einem scharfen Messer halbieren, die Kerne und die Brennhaare herausschaben. Die Hagebutten in eine Schüssel geben, mit dem Kandiszucker vermischen und über Nacht stehen lassen. Am nächsten Tag diese Mischung zusammen mit der Zimtstange der Zitronenschale und den grob gehackten Verbenenblättern in eine ausreichend große Flasche geben. Den Cognac, den Obstschnaps und das Zimtrindenöl dazugeben und gut verschlossen acht Wochen an einem warmen hellen Platz reifen lassen. Anschließend durch ein Mulltuch abfiltrieren und in Flaschen oder auch Karaffen füllen. Sie können Ihren Likör schön dekorieren, indem Sie drei frische Hagebutten und ein Rosenblatt (oder ein Duft-

geranienblatt) mit in die Flasche geben. Hagebuttenlikör kann als Verdauungs- schnäpschen oder mit trockenem Sekt oder Weißwein gemischt getrunken werden. Sie können aber auch Wild- soßen und Desserts damit verfeinern.

Verbenenlikör mit Lemongras- und Orangenöl

Die Zutaten:
- 150 g frische Verbenenblätter
- 1 Liter Obstschnaps
- 3 Esslöffel Akazien- oder Rosmarin- honig
- 10 Tropfen ätherisches Lemongrasöl
- 10 Tropfen Orangenöl
- einige Blätter frisches Lemongras

So wird's gemacht:
Die Verbenenblätter klein schneiden und zusammen mit dem Honig in eine große Flasche geben und mit dem Obst- ler auffüllen. Drei Wochen im Hellen stehen lassen, dabei täglich einmal gut schütteln. Danach die Blätter abseihen, den Auszug zurück in die Flasche ge- ben und die ätherischen Öle tropfen- weise dazugeben. Noch einmal 14 Tage reifen lassen. Anschließend in kleinere Fläschchen umfüllen und unter Zugabe von Zitronengras und frischen Verbe- nenblätter dekorieren.

Dieser intensiv nach Zitrone schmeckende Likör eignet sich besonders für die Her- stellung von Mixgetränken oder mit Mineralwasser aufgegossen als erfri- schender Sommerdrink.

Hagebuttenlikör kann aus frischen oder aus getrockneten Früchten hergestellt werden; weit- ere Zutaten: Zitronen- schale und Cognac.

Kräuter-Edelstein-Elixiere

Frühlingswiesen-Likör mit grünem Calcit

Die Zutaten:
- ▸ 1 Handstrauß aus Gänseblümchen, Wiesenschlüsselblumen, Spitzwegerichblättern, Schafgarbenblättern, Veilchenblüten, Löwenzahnblüten und -blättern
- ▸ 1 Liter Doppelkorn
- ▸ 1 grüner Calcit (Rohstein)

So wird's gemacht:
Alle Wiesenblüten und -kräuter gründlich waschen und trocken tupfen. Unzerkleinert mit dem Calcit in eine Flasche geben und mit dem Doppelkorn auffüllen. Acht Wochen im warmen Zimmer stehen lassen. Danach die Kräuter abseihen. Der Calcit bleibt in der Flasche.

Das grüne Calcit-Elixier wirkt harmonisierend, befreiend und entspannend und ergänzt sich aus diesem Grunde hervorragend mit den ersten Frühlingswiesenblumen, deren Anblick die gleichen Empfindungen hervorrufen. Sie sind ein Zeichen dafür, dass es endlich wieder Frühling ist und die wärmere Jahreszeit vor der Tür steht. Winterdepressionen verschwinden ebenfalls.

Der alkoholische Auszug aus den Wiesenpflanzen wirkt darüber hinaus stoffwechselanregend und entschlackend. Also gerade das Richtige für diese Jahreszeit.

Mein Tipp: Sie können dieses Elixier auch mit gelbem Calcit ansetzen, er verbessert die Kalkaufnahme durch die Knochen, wirkt verdauungsfördernd und stoffwechselanregend, sowie mit weißem Calcit, der neben den schon genannten Wirkungen zusätzlich entschlackt und entgiftet. Außerdem neutralisiert weißer Calcit physische und psychische Übersäuerung. Dosierung: Zweimal täglich ein Schnapsglas voll.

Eine besondere Frühlingsspezialität: Likör von der Frühlingswiese mit grünem Calcit (links). Blauer Lapislazuli (rechts)

Früher nannte man die Gänseblümchen „Wetterblumen", sie öffnen sich nur bei schönem Wetter.

Ysop-Ringelblumen-Likör mit Lapislazuli

Die Zutaten:
- 7 Stängel blühendes Ysopkraut
- 3 Stängel blühende Ringelblumen
- 1 Lapislazuli (Rohstein)
- 1 Liter Doppelkorn
- 4 Esslöffel Akazienhonig

So wird's gemacht:

Das Ysopkraut und die Ringelblumen kurz abwaschen, trocken tupfen und auf eventuelle Bewohner untersuchen. Zusammen mit dem Lapislazuli in eine Flasche geben und mit dem Doppel-korn aufgießen. Drei Monate im Hellen stehen lassen. Danach die Kräuter ent-fernen, den Ansatz abfiltrieren und mit einem Stängel frischem Ysop, drei Rin-gelblumenblüten und dem Edelstein wieder in die Flasche füllen. Den Honig dazugeben und noch einmal drei Wo-chen ruhen lassen.

Das intensiv blau blühende Ysopkraut und die goldgelben Ringelblumenblü-ten sehen nicht nur im Kräuterbeet wunderbar aus, sondern sind auch als alkoholischer Ansatz Helfer bei Verdau-ungsstörungen, die mit Krämpfen ein-hergehen. Der Geschmack ist ange-nehm herbwürzig und wird durch die Zugabe des Honigs abgerundet.

Der Name Lapislazuli bedeutet „blauer Stein" oder „Himmel". Er wird in vielen Kulturen als Heilstein und für kultische Zwecke benutzt. Er offenbart die eigene innere Wahrheit, fördert Selbstbewusst-

So ein Erkältungstrank tut auch Kräuterhexen gut.

sein, Würde, Ehrlichkeit und Aufrichtigkeit. Lapislazuli wirkt blutdrucksenkend, reguliert die Funktion der Schilddrüse, schenkt uns schöne Träume und einen erholsamen Schlaf. Mit diesem Ysop-Ringelblumen-Likör können wir es uns also rundum gut gehen lassen. Dosierung: Ein bis zwei Schnapsgläschen pro Tag.

Erkältungstrank mit Moosachat

Die Zutaten:
- ▸ 10 g Eibischwurzel
- ▸ 3 Zweige Thymian
- ▸ 1 Blütenrispe der Königskerze
- ▸ 6 Spitzwegerichblätter
- ▸ 10 frische Huflattichblüten
- ▸ 10 g Fenchelfrüchte
- ▸ 1 Zweig Gartensalbei
- ▸ 1 Moosachat
- ▸ 1 Liter Doppelkorn
- ▸ 3 Esslöffel Fenchelhonig

So wird's gemacht:
Die Fenchelfrüchte im Mörser anstoßen, damit das ätherische Öl freigesetzt wird, und zusammen mit der geschnittenen Eibischwurzel und dem Moosachat in eine Flasche geben. Nun die frisch gesammelten, gewaschenen und kurz getrockneten Huflattichblüten dazugeben und mit dem Doppelkorn auffüllen (Huflattich blüht im März und April).
Nun können wir auf zwei Arten weiter verfahren. Entweder Sie geben die restlichen Kräuter wie Thymian, Königskerze, Spitzwegerichblätter und Salbei im Laufe des Sommers dazu oder Sie kaufen sich diese getrocknet in der Apotheke und geben Sie sofort zu Ihrem Ansatz. Sie benötigen dann jeweils 10 g der genannten Kräuter. Der komplette Ansatz sollte jedoch immer acht Wo-

Diese Helfer gegen Erkältung sind besonders wirksam zusammen mit Kräutern: Moosachat (links) und Honig.

Die Brennnessel ist ein altbekanntes Kraut gegen „Blutmangel" und zur Unterstützung bei Ödemen (ganz links).
Der grüne Aventurin gilt als Hexenstein, da er Hautkrankheiten über den Stoffwechsel lindert (links).

Brennnesselschnaps mit grünem Aventurin

Die Zutaten:
- 5 frische, junge Brennnesselstängel
- 20 g frische Petersilienwurzel
- 10 g extra große Wacholderbeeren
- 20 g Hauhechelwurzel (aus der Apotheke)
- 1 Liter Wodka
- 1 grüner Aventurin

So wird's gemacht:

chen im Hellen stehen. Danach wird der abfiltrierte Erkältungstrank mit dem Moosachat wieder zurück in die Flasche gefüllt und mit dem Honig ergänzt. Nach 14 Tagen ist der Erkältungstrank gebrauchsfertig.

Moosachat regt die Nieren, die Leber, den Magen und die Bauchspeicheldrüse an und fördert den Zellstoffwechsel. Er hilft bei hartnäckigen Infektionen, wirkt stärkend auf die Immunkräfte, fiebersenkend, entzündungshemmend und schleimbildend, so dass sich ein hartnäckiger Husten löst und abgehustet werden kann. Dosierung: Bei Erkältungen dreimal täglich zwei Esslöffel, vorbeugend einmal täglich ein Schnapsgläschen voll.

Die Brennnesselstängel mit Handschuhen schneiden und unter fließend kaltem Wasser gründlich waschen. Bei diesem Vorgang verliert die Brennnessel ihre Brennhaare und kann dann anschließend ohne Handschuhe weiterverarbeitet werden. Zuerst die Petersilienwurzel in Würfel schneiden und die Wacholderbeeren im Mörser etwas anquetschen. Die Brennnesseln in eine große Flasche stecken und die übrigen Zutaten dazugeben – auch den Aventurin. Mit dem Wodka auffüllen und zwei Monate im Hellen stehen lassen und ab und zu schütteln. Danach abfiltrieren und den Aventurin wieder in die Flasche geben.

Der grüne Aventurin fördert das Wachstum von Haut und Bindegewebe und hilft daher bei Gewebeschäden, allergischen Hauterkrankungen und Ausschlägen. Er stimuliert die Nieren, die Nebennieren und die Thymusdrüse. Auch bei Leiden psychosomatischen Ursprungs übt ein Elixier mit grünem Aventurin einen positiven Einfluss aus, indem es auf Emotionen und das Denken besänftigend, lindernd und heilend wirkt. In Verbindung mit den „Nierenkräutern" wie Brennnessel, Hauhechel und Wacholderbeeren wirkt dieser

Der blaue Sodalith wird häufig mit dem Lapislazuli verwechselt.

Kräuterhexentrank wasertreibend, entgiftend und entschlackend, was sich positiv auf das Hautbild auswirkt. Der richtige „Geist" für die Frühjahrskur. Dosierung: Zweimal täglich 20 bis 30 ml einnehmen.

Mein Tipp: Sie können auch getrocknete Kräuter verwenden. Dosierung: 40 g Brennnesselblätter und 10 g getrocknete Petersilienwurzel. Achtung! Nicht anwenden bei eingeschränkter Nierenfunktion!

Hopfen-Melissen-Trank gegen nervöse Verdauungsstörungen (links). Ein Trank für ganz besondere Gelegenheiten! Liebestränke haben jahrhundertealte Tradition (rechts).

Hopfen-Melissen-Geist mit Sodalith

Die Zutaten:

- 20 g Hopfenzapfen
- 6 Zweige Zitronenmelisse
- Schale einer Zitrone
- 1 Zimtstange
- 4 Sternanise
- 10 g Anisfrüchte
- 10 g Fenchelfrüchte
- 1 Liter Wodka
- 1 Sodalith

So wird's gemacht:

Die getrockneten Hopfenzapfen, die frische Zitronenmelisse und die Zitronenschale in eine große Flasche geben. Die Anis- und Fenchelfrüchte in einem Mörser anstoßen und zusammen mit dem Zimt und den Sternanisen zu den

Kräutern in die Flasche füllen. Mit dem Wodka auffüllen und drei Wochen im warmen Zimmer stehen lassen. Die Flüssigkeit hat sich dann lindgrün gefärbt. Nun den Ansatz durch ein Mulltuch abfiltrieren und in die Flasche zurückgießen. Den Sodalith dazugeben und noch einmal drei Monate stehen lassen. Wer möchte, kann den fertigen Ansatz nach Geschmack mit etwas Honig süßen.

Der blaue Sodalith (= Natriumstein) hat auf den Menschen einen stark erdenden Effekt. Ein Sodalith-Elixier bringt das Unterbewusste und Bewusste miteinander in Verbindung und ins Gleichgewicht. Es löst Schuldgefühle auf und ermöglicht es uns auf diese Art und Weise, zu den eigenen Gefühlen zu stehen und sie zu leben. Sodalith regt an, sich von einengenden Vorstellungen, Dogmen, Regeln und Gesetzen zu verabschieden. Er wirkt zudem kühlend, blutdrucksenkend und immunkräftestärkend. Ich habe ihn für meinen beruhigenden und verdauungsfördernden Hopfen-Melissen-Geist ausgewählt, um die Wirkung der Beruhigungskräuter Hopfen, Melisse, Fenchel und Anis zu verstärken.

Dieser sehr bittere Trank ist besonders für einen nervösen und gestressten Magen zu empfehlen. Dosierung: Zweimal täglich ein Schnapsgläschen voll vor dem Essen.

Ein Granat zur „Feuertaufe"

Liebestrank mit Granat

Die Zutaten:
- 50 g geschnittenes Potenzholz (*Muira puama*)
- 10 g frische Ingwerwurzel
- 200 g Himbeeren
- 1 Vanilleschote
- 100 g abgezupfte Rote Johannisbeeren
- 3 Sternanise
- 1 roter Granat (Rohstein)
- 1 Liter Obstbrand
- 6 Esslöffel Akazienhonig

So wird's gemacht:
Das Obst waschen und trocken tupfen. Die Ingwerwurzel in kleine Stückchen schneiden und die Vanilleschote aufschlitzen. Alle Zutaten bis auf den Honig in eine ausreichend große Flasche geben und mit dem Obstler auffüllen. Acht Wochen im Hellen stehen lassen, dann abfiltrieren. Die jetzt rote Flüssigkeit mit dem Granat zurück in die Flasche füllen und den Honig dazugeben. Nach 14 Tagen ist der Liebestrank „einsatzbereit".

Roter Granat verschafft Feuer und Tatkraft – er gilt als klassischer Krisen-

stein. Er stärkt die innere Flamme, fördert das Selbstvertrauen, Willensstärke und Lebensfreude und schenkt Mut. Granat beseitigt unnötige Hemmungen und Tabus, die bei sexuellen Problemen häufig eine Rolle spielen, und sorgt daher für eine aktive Sexualität und hilft auch bei Potenzproblemen. Granat beschleunigt den Kreislauf und kann blutdruckerhöhend wirken. Sie sollten diesen Liebestrank, trotz aller seiner Vorteile nicht überdosieren, denn weniger ist auch hier mehr. Bei Bedarf reichen täglich zwei Schnapsgläschen voll.

Mein Tipp: Potenzholz erhalten Sie in der Apotheke. Dieser Liebestrank ist übrigens für „beide" gedacht! Er wird jedoch zudem sehr gerne als Geschenk überreicht (als Wink mit dem Zaunpfahl). Denken Sie daran und füllen ihn am besten in kleine Fläschchen.

Hexentraumlikör mit Rubin (oben) und Duftrosen

Von diesem Hexentraumlikör kann man wirklich nur träumen oder ihn selber machen.

Kräuterhexentraumlikör mit Rubin

Die Zutaten:
- 15 stark duftende Rosenblüten
- 200 g Himbeeren
- 10 frische Verbenenblätter
- 10 g getrocknete Hibiskusblüten
- 1 Vanilleschote
- 20 ml Rosenhydrolat (Duplex oder Triplex)
- $^{1}/_{4}$ Liter Cognac
- $^{3}/_{4}$ Liter Mirabellenbrand
- 6 Esslöffel Akazienhonig
- 1 Rubin

So wird's gemacht:
An einem warmen aber bedeckten Sommertag die Rosenblüten schneiden und auszupfen. Sofort in eine große Weithalsflasche füllen. Die Vanillestange auskratzen und mit den geschnittenen Verbenenblättern, den Hibiskusblüten,

den Himbeeren und dem Rosenhydrolat hinzufügen, mit Alkohol aufgießen. Den Rubin, er sollte nicht zu klein sein, dazugeben und die Flasche gut verschließen. Nach vier Wochen die Flüssigkeit abseihen und mit dem Rubin und dem Honig wieder in die Flasche füllen. Nach drei Wochen ist dieser Likör fertig zum Genießen. Ein Rubin wirkt erwärmend, verjüngend, bringt Schwung und Bewegung ins Leben. Er belebt, reißt aus Lethargie und Erschöpfung und regt zu aktiver Sexualität an. Rubin macht wach, leistungsfähig, aktiv, mutig, impulsiv und spontan.

Der Auszug aus Duftrosen wirkt im seelischen Bereich harmonisierend, ausgleichend, öffnend, und manchmal auch aphrodisierend und im körperlichen Bereich entkrampfend, beruhigend, entzündungshemmend und stoffwechselanregend. Sie sollten diesem wertvollen Trank daher nur zu ganz besonderen Gelegenheiten kredenzen!

Thymianschnaps mit Bernstein

Die Zutaten:
- 6 Zweige frischer Gartenthymian
- 3 Blütenköpfchen Quendel
- 10 frische Salbeiblätter
- 3 große Blätter Basilikum
- Schale einer halben Zitrone
- 8 Tropfen ätherisches Zitronenöl
- 6 Tropfen ätherisches Lavendelöl
- 1 Liter Obstler
- 1 klarer Naturbernstein

So wird's gemacht:
Alle Kräuter und die Zitronenschale in eine große Flasche geben und mit dem Obstler auffüllen. Den Bernstein einlegen und das Zitronen- und Lavendelöl tropfenweise dazugeben. Zwei Monate an einem warmen Platz stehen lassen. Täglich schütteln, danach abfiltrieren und den Bernstein wieder in die Flasche mit dem Ansatz zurückfüllen. Noch einmal vier Wochen ruhen lassen.

Bernstein ist ein fossiles Kiefernharz. Man glaubte früher, dass Bernstein erstarrtes Sonnenlicht wäre oder aber die versteinerten Tränen der Götter. Heutzutage wissen wir zwar genau, wie Bernstein entstand und aus was er besteht, die „sonnige" Ausstrahlung ist aber nach wie vor vorhanden.

Thymianschnaps kann durchaus vorbeugend getrunken werden. Bernstein (unten)

Ich staune immer wieder über die Vielfalt der Kristalle.

Auf Grund der vielen Heilwirkungen wie Zellreinigung, Stärkung des Nervensystems, Aktivierung von Leber, Galle und Nieren, Stärkung des Lungen-, Herz- und Halsbereiches, die Förderung der Funktion der weißen Blutkörperchen, die Stärkung der Abwehrkräfte generell und die Vitalisierung des Körpers allgemein, habe ich dieses Gold des Nordens zu meinem absoluten Favoriten unter den Edelsteinen erklärt. Sie werden mich daher nur selten ohne Bernstein antreffen. Bernstein macht froh, aktiv, kreativ, extrovertiert und stimuliert das konstruktive und positive Denken. Er schenkt große Ruhe und Sicherheit. Alles Dinge, die so glaube ich, jeder von uns gebrauchen kann. Ein Bernstein-Elixier in Verbindung mit den klassischen desinfizierenden und entzündungshemmenden Kräutern wie Thymian, Salbei, Quendel, Basilikum und Zitrone stellt somit ein wohltuendes „Lebenswasser" für alle Fälle dar. Dosierung: Zweimal täglich ein Schnapsgläschen voll.

Teufelsaustreiber mit Amethyst

Die Zutaten:
- 6 Blütenstiele echtes Johanniskraut
- 6 Blütenköpfe Oregano (= Dost)
- 20 g Dillfrüchte
- 2 Stängel frische Pfefferminze
- 1 Zweig Rosmarin
- 20 g getrocknetes Tausendgüldenkraut
- 100 g Krümelkandis
- 1 Liter Obstler
- 1 Amethyst (Rohstein)

So wird's gemacht:
Alle Frischkräuter kurz abwaschen und trocken tupfen. Die Dillfrüchte im Mörser anstoßen und zusammen mit dem Tausendgüldenkraut in einen Teefilterbeutel geben und diesen zubinden. Alles zusammen in eine große Flasche geben und mit dem Obstler auffüllen. Den Amethyst dazugeben und den Ansatz zwei Monate im warmen Zimmer stehen lassen. Danach den Teebeutel herausnehmen und alle Kräuter bis auf

Zwei „klärende" Bergkristalle

jeweils einen Stängel entfernen. Den Kandis dazugeben und noch einmal vier Wochen ziehen lassen, dabei täglich schütteln, damit sich der Zucker auflöst. Gegen die bösen Geister im Bauch täglich zweimal ein Schnapsgläschen voll trinken.

Der violette Amethyst symbolisiert geistige Kraft und Umsetzung. Das Amethyst-Elixier fördert gute geistige Eigenschaften wie Ehrlichkeit, Aufrichtigkeit und Hingabe. Es unterstützt, das Leben so wie es ist zu akzeptieren. Amethyst wirkt antiseptisch und blutreinigend.

„Dill, Dosten und Johanniskraut", so sagt ein alter Spruch, „vertreiben böse Geister, Hexen und Dämonen." Ich habe diese alte Überlieferung zum Anlass genommen, meinen Teufelsaustreiber mit diesen Kräutern anzusetzen. Der Amethyst verstärkt durch seine Wirkung diesen speziellen Trank. Der Name Amethyst stammt aus dem Griechischen (= a-methystos) und bedeutet „unberauscht"! Er wurde verwendet um den Auswirkungen des Alkoholgenusses entgegen zu wirken.

Dies bedeutet allerdings nicht, dass Sie diesen Kräuterhexentrank im Übermaß trinken sollen, denn sonst holt Sie der Teufel vielleicht doch noch!

Rosmaringeist mit Bergkristall

Die Zutaten:

- 3 große, blühende Rosmarinzweige
- 1 unbehandelte Limette
- 1 Liter Wodka
- 1 Bergkristall (Doppelender)

So wird's gemacht:

Die Rosmarinzweige in eine Flasche stecken, die Limette schälen und klein schneiden. Die Schale, Fruchtstückchen und Bergkristall in die Flasche geben. Mit Wodka aufgießen und acht bis zehn Wochen im warmen Zimmer stehen lassen. Rosmaringeist muss nicht abfiltriert werden.

Der klare Bergkristall fördert die Funktion des Nervensystems, den Energiefluss im Körper, Klarheit, Neutralität und Selbsterkenntnis.

Rosmarin wirkt anregend und ist daher besonders für Morgenmuffel geeignet. Er wirkt stark keimtötend, schmerzlindernd, durchblutungsfördernd, blutdrucksteigernd, stoffwechselanregend und geistig anregend, Gedächtnis stärkend und konzentrationsfördernd.

Ein Teufelsaustreiber gegen alle bösen Geister, die sich im Bauch befinden.

Ein Amethyst als „Stufe"

Meine
Hexenkräuter
von A–Z

Die wichtigsten Kräuter

Geordnet nach deutschen Pflanzennamen

Ich möchte Ihnen in diesem Kapitel einige bekannte und weniger bekannte Kräuter und Pflanzen vorstellen, die ich gerne für die Zubereitung meiner Schnäpse, Liköre und Elixiere verwende und empfehle.

Anis

Zu den jahrtausendealten Nutzgewächsen gehört auch der Anis. Sowohl in Europa als auch in Nordafrika, Südamerika und Indien wird dieses Kraut zu Heil- und Würzzwecken angebaut. Von den Römern ist bekannt, dass sie Aniskuchen nach ihren üppigen Festmählern anboten, um die Verdauung zu fördern und Blähungen zu lindern. Anisbrot und -kuchen werden bis zum heutigen Tag hergestellt, und der Anis ist nach wie vor eines der wichtigsten Bestandteile bei der Herstellung von Likören und Kräuterschnäpsen.

Hätten Sie gedacht, dass Baldrian eine solch schöne Staude ist? Und rechts die „duftende" Baldrianwurzel

Es gibt auch eine ganze Reihe reiner Anisschnäpse. Das ätherische Anisöl wirkt gegen Magenverstimmungen, wirkt Schlaf fördernd, erfrischt den Atem und lindert trockenen Husten. Es ist darüber hinaus auch ein gutes antiseptisches Mittel und wird häufig zur Geschmacksverbesserung, zum Beispiel für Teemischungen und Zahnpasta, verwendet. Anisfrüchte sollten vor dem Gebrauch als Tee oder alkoholischer Auszug im Mörser angestoßen werden.

Anis kann im eigenen Garten angebaut werden. Der Boden sollte wasserdurchlässig und kalkhaltig sein. Die sonnigste Stelle ist gerade gut genug, da die Samen nur bei sehr heißen Sommern im August reifen.

Die Samen der Doldenblütler unterscheiden sich besonders durch ihren Duft, hier Anissamen.

Baldrian

Baldrian wurde früher doch tatsächlich zur Parfümierung zwischen die Kleider gelegt. Das ist heutzutage unvorstellbar, denn ich habe die Erfahrung gemacht, dass die meisten Menschen, die mit dem Duft von Baldrian konfrontiert werden, dies eher als eine Beleidigung für ihr Riechorgan empfinden. Aber der Gestank des Mittelalters ließ offensichtlich selbst den Baldrian als wohlriechend erscheinen.

Es ist zu vermuten, dass die botanische Bezeichnung *Valeriana officinalis* von dem Wort „valere" (= gesund sein) abgeleitet wurde, da der Baldrian bereits seit 400 vor Christus als Heilpflanze eingesetzt wird. Bis auf den heutigen Tag ist seine stark beruhigende, antidepressive und krampflösende Wirkung bekannt und geschätzt. Er hilft bei vielen Erkrankungen des Nervensystems, vermindert Schmerz, fördert den Schlaf und verringert das Gefühl von Stress und Überanstrengung. Aber auch hier spielt die Dosis eine nicht unerhebliche Rolle. Bei zu langer Anwendungszeit in zu hohen Dosen bekommen Sie Kopfschmerzen und fühlen sich benommen. Das wäre dann eher eine unangenehme Nebenwirkung. Die Anwendung gegen Bisse und Stiche von giftigen Tieren gehört Gott sei Dank der Vergangenheit an.

Nach wie vor übt jedoch der Baldrian eine magische Anziehungskraft auf Katzen aus, so dass Sie bei der Herstellung eines nervenstärkenden Heilschnapses aus Baldrianwurzeln unbedingt auf eine katzenfreie Zone achten sollten.

Bärlauch

Es gehört seit vielen Jahren zu meinen liebsten Beschäftigungen, Anfang März in den Wald zu gehen und nach einem meiner Lieblingskräuter, dem Bärlauch, Ausschau zu halten. Schon die ersten

Auch Bärlauchwälder sind an ihrem Duft zu erkennen.

zarten Blättchen werden von mir gepflückt und als traditionelle Frühlingsspeise mit Butter und Brot aufgetischt. Die stark nach Knoblauch riechenden

und schmeckenden Pflanzen lieben die frischen, zum Teil nassen Laub- und Auenwälder mit ihrer leichten Humusdecke.

Für den Bärlauchansatz mit Alkohol brauche ich Blätter und Zwiebeln, so dass es am besten ist, diese mit einer Schaufel oder Grabegabel auszugraben, denn bei dem Versuch, die Zwiebeln herauszuziehen, brechen sie ab. Bärlauch eignet sich hervorragend für die „wilde Frühlingsküche" in Form von Suppen, Salaten, Pfannkuchen, Spinat, zu Quark und als Zugabe zu einem Knödelteig. Die Erntesaison dauert von Anfang März bis Ende April. Wenn der Bärlauch blüht, sind die Blätter ungenießbar, daher sollte man sich einen Teil für den Jahresbedarf einfrieren oder als Pesto verarbeiten.

Bärlauch wirkt desinfizierend auf Magen und Darm und stark blutdrucksenkend. Diese Tatsache macht einen Bärlauchschnaps für Menschen, die unter einem zu hohen Blutdruck leiden, besonders wertvoll.

Bei der Brombeerernte dauert es etwas länger, bis der Korb voll ist.

Brombeeren reifen nach und nach.

Bohnenkraut

Der botanische Name *Saturea hortensis* stammt vom lateinischen Wort „satyrus" (= Satyr) und weist auf seine Anwendung als Aphrodisiakum hin. Das Kräutlein des Glücks kommt in zweifacher Ausführung vor: das einjährige Sommerbohnenkraut und das ausdauernde Berg- oder Winterbohnenkraut.

Der aromatische Duft und die Inhaltsstoffe dieser Pflanze, die übrigens zu meinen Favoriten gehört, eignen sich hervorragend für Bohnengerichte und andere etwas schwer verdauliche Speisen. Es gibt auch Rezepte, die eigens wegen dieses sehr würzigen Aromas kreiert wurden. Mit Bohnenkraut aromatisiert man zum Beispiel Pasteten,

Soßen, Eier, Fisch und Fleisch. Bohnenkraut ist nicht zuletzt für die Herstellung von Heil- und Genusstränken auf alkoholischer Basis unerlässlich, selbst Parfüms werden mit ätherischem Bohnenkrautöl zusammengestellt.

Innerlich bringt das Bohnenkraut nicht nur das Sexualleben (in leichten Fällen), sondern auch den Magen wieder in Ordnung, es lindert Blähungen und wirkt wassertreibend. Viele Heilschnäpse werden durch die Zugabe von Bohnenkraut aromatisiert, wobei hier auch das ätherische Bohnenkrautöl Verwendung findet.

Brombeeren

Der Brombeerstrauch, ursprünglich aus Europa, ist heutzutage auf der ganzen Welt verbreitet. Man findet ihn in Wäldern, Strauchhecken auf Ödland, an Feldrainen, Ufern und als veredelte Zuchtform in den Gärten, und das sogar ohne Dornen. Brombeeren werden auch heute noch gerne als unüberwindbare Hecke zusammen mit anderen einheimischen Gehölzen angepflanzt. Durch ihre Dornen gewährt die Brombeerpflanze so manchem Vogel und Kleingetier Schutz.

Die aromatischen Beeren werden schon seit alters gerne roh genascht oder man stellt Marmeladen, Gelees oder Soßen daraus her. Ich erinnere mich daran, dass es früher in meinen Sommerferien auf dem Land Sitte war, den täglichen Spaziergang entlang der wilden Brombeerhecken durchzuführen, um dann mit verkratzten Armen und Beinen, aber mit einem Korb voller Brombeeren nach Hause zu kommen. Heute wird im Garten geerntet und das möglichst unverletzt! Nichtsdestotrotz ist der Geschmack vollreifer Brombeeren einfach herrlich, und sie eignen sich daher hervorragend für die Herstellung so mancher alkoholischen Spezialität. Wichtig ist es jedoch auch hier, Geduld mitzubringen, um nur die besten Exemplare zu verarbeiten, denn die Brombeeren reifen nicht alle gleichzeitig. Zur Geschmacksabrundung können sogar einige Blätter mit eingelegt werden.

Brombeerblätter besitzen einen hohen Gerbstoff- und Vitamin-C-Gehalt, so dass sie gegen Durchfall, gegen Hämorrhoiden, bei Blasenentzündungen und zum Gurgeln als Mundwasser Verwendung finden.

Unscheinbar, aber oho! Das Bohnenkraut

Dillblüten: Ich würde mich über einen solchen Anblick in meinem Garten freuen.

Dill

Dill gehört zu jenen Kräutern, die mich jedes Jahr wieder aufs Neue ärgern wollen. Ich kann dieses einjährige Kraut aussäen so oft ich will, es straft mich mit Verachtung, indem es einfach nicht oder nur mangelhaft aufgeht und wächst. In anderen Gärten wächst es um so üppiger und sät sich sogar von selbst aus. Dabei liebe ich den frischen Duft von Dill und verwende ihn auch sehr gerne in der Küche. Das geht auch so lange gut, wie ich ihn in Töpfen oder Kästen aussäe, sobald ich aber die zarten Pflänzchen in mein Kräuterbeet setze, ist es aus mit dem Traum von großen, kräftigen und aromatisch duftenden und blühenden Dillpflanzen. Ganz zu schweigen vom „Samen des Merkur". Unter dieser Bezeichnung stand der Dill im Volksglauben im Ruf, bösen Zauber zu verhindern und Tod und Teufel zu vertreiben.

Es bleibt mir daher nichts anderes übrig, als meinen Dillbedarf aus anderen Gärten zu decken, um ihn dann als Gewürz oder Tee in stimulierender, abführender, magenwirksamer und Milch bildender Wirkung anzuwenden. Hoch dosierte wässerige Dillessenz wird zur Linderung von Verdauungsstörungen, Blähungen und Koliken hergestellt und wirkt außerdem schlaffördernd bei Babys und Kleinkindern. Für die Erwachsenen gibt es einen Teufelsaustreiber aus Dill, Dost und Johanniskraut auf alkoholischer Basis (siehe Seite 82).

Engelwurz

Die echte Engelwurz wird – als Pflanze der nördlichen Zonen – in den Kräuterbüchern des Mittelalters als Mittel gerühmt, welches Gift austreiben kann. Man verwendete sie daher gegen die Pest, gegen Geschwülste, Herzschwäche, Lungenleiden und andere Krankheiten, die auf die Anwesenheit von Gift und bösen Geistern zurückzuführen waren.

Dieses imposante Gewächs, das immerhin eine Höhe von bis zu zwei Metern erreichen kann, finden wir in feuchten Wäldern, an Waldrändern, an Gräben und in Schluchten. Die alte Heilpflanze gehört zur Familie der Doldenblütler, die auch mit giftigen Vertretern aufwarten kann, daher sollte man die „Angelika" genau kennen, wenn man sie selbst sammeln möchte.

Die jungen Stängel und Blattstiele können als Gemüse gekocht werden. Die eigentlichen Heilstoffe sitzen in der Wurzel und das sind in der Hauptsache

Eine Wurzel der besonderen Art – die Engelwurz

ätherische Öle, Bitter- und Gerbstoffe. Die Engelwurz gehört daher zu den verdauungsfördernden und krampflösenden Tonika. Die ganze Pflanze riecht aromatisch und gilt als Mittel gegen Zauberei. Früher schützte man Kinder mit einem Amulett aus der Engelwurz, damit sie nicht von allen guten Geistern verlassen werden würden. Es geht auch die Sage, dass diese „zauberhafte" Wurzel gegen angezauberte Impotenz helfen soll! Wieder andere berichten, sie würde hellsichtig machen.

Nun ja, ich verwende sie als Bitterdroge in meinen starken Verdauungstränken,

um die bösen Plagegeister aus dem Bauch zu vertreiben. Was die anderen Nebenwirkungen betrifft, so lassen Sie sich einfach überraschen!

Estragon

Dieses Kraut aus der Familie der Artemisien, zu denen übrigens auch Wermut, Beifuß und Eberraute zählen, kam vermutlich mit den Kreuzzügen nach Mitteleuropa. Estragon war ein wichtiges Heilkraut gegen den Biss giftiger Tiere. Ob es allerdings funktioniert hat, darüber schweigen die Bücher. Zum Glück gibt es heute andere Mittel, desgleichen hat bei uns die Anzahl giftiger und beißender Tiere enorm abgenommen.

Mit dem Estragon ist es so eine Sache. Es gibt nämlich zwei Arten, einen russischen und einen französischen, die äußerlich für einen Laien nur schwer

Beim Kauf von Estragon machen Sie am besten eine Riechprobe.

zu unterscheiden sind. Aber spätestens beim Geruch werden Sie den Unterschied feststellen. Im Vergleich zum russischen ist der französische Estragon wesentlich aromatischer. Er wird neuerdings auch als deutscher Estragon angeboten.

Für Heil- und Würzzwecke ist in erster Linie der westeuropäische Estragon zu empfehlen. Sein Aroma erinnert etwas an Anis mit einer leichten Schärfe. Dieser feinere Estragon ist allerdings nicht überall winterhart und kann zudem nur aus Wurzelablegern vermehrt werden. Die Blüten des Estragons sind eher unscheinbare kleine Kügelchen in den Blattachseln. Die feine Würze des Estragons macht ihn in der Küche für Geflügel, Soßen und zum Einfrieren von Sauergemüse aber auch für einen reinen Kräuteressig außerordentlich wertvoll.

Fenchelsamen: Sehen Sie einen Unterschied zum Anis?

Um an die ätherischen Öle von Anis, Fenchel und Kümmel zu kommen, müssen diese im Mörser gestoßen werden.

Ich verwende ihn wegen seiner milden verdauungsfördernden und appetitanregenden Wirkung in meinen milden Kräuterschnäpsen ohne Bitterstoffe.

Fenchel

Das „Mutter-und-Kind-Kraut" Fenchel finden wir wild verbreitet und angebaut im Mittelmeergebiet und Vorderasien. Auch in unseren Gärten entdeckt man ab und zu Fenchelstauden, die aber in erster Linie als Knollenfenchel in der Küche Verwendung finden. Die heilkräftigen Inhaltsstoffe des Fenchels befinden sich jedoch in den Samen. Fenchelsamen wirken verdauungsfördernd, blähungstreibend und Milch bildend – daher meine Bezeichnung „Mutter-und-Kind-Kraut".

Der süßliche, anisartige Geschmack gibt Marinaden für Fleisch- und Fischgerichte eine besondere Note und hilft darüber hinaus noch bei der Verdauung solcher fetthaltiger Speisen. Auch Gebäck und Kuchen werden zum Teil mit Fenchel gewürzt. Die Verwendung der Fenchelsamen in alkoholischen Zubereitungen wie Likören und Schnäpsen hat eine ebenso lange Tradition wie die Verwendung des ätherischen Fenchelöls bei der Herstellung von Seifen und Parfüms.

Generell ist Fenchel eine hervorragende Verdauungshilfe, so dass ich ihn häufig für milde Aperitifs oder Digestifs verwende. In meinen Kräutergärten habe ich eine besondere Zuchtform des Fenchels, nämlich den Bronzefenchel, angebaut. Von dieser Pflanze schmecken alle Teile – das heißt Blätter, Stängel und Samen – intensiv nach Lakritze, so dass ich für meine Schnäpse die ganze Pflanze verwenden kann. Er scheint sich bei mir auch recht wohl zu fühlen, denn er sät sich an allen Ecken und Enden selbst aus. Wenn Sie an solch einer Pflanze interessiert sind, hier der botanische Name: *Foeniculum vulgare* 'Purpurascens'.

Himbeeren

Himbeersträucher wachsen ähnlich wie die Brombeeren in Wäldern, auf Kahlschlägen, auf Steinschutthalden, an Gräben und Wegrändern. Die Himbeere ist ein äußerst wertvoller Strauch, da Blätter, Blüten und Früchte verwendet werden können. Himbeerblättertee wirkt adstringierend, abschwellend und lindert als Kompresse Augenentzündungen. Himbeerblätter helfen, die Geburt zu erleichtern, indem sie die Muskeln anregen und kräftigen. Die Himbeerfrüchte werden zu Marmeladen, Gelees, Sirup oder mildem Himbeeressig verarbeitet.

Himbeeren sind sehr lecker, werden jedoch auch gerne von tierischen Bewohnern heimgesucht.

Hierfür wie auch für alkoholische Ansätze eignen sich in erster Linie die Gartenhimbeeren, da die Früchte wesentlich größer sind als die der Wildform. Kontrollieren Sie beim Sammeln den Beereninhalt, denn so manches Würmlein lässt es sich in den Früchtchen gut gehen. Himbeeren sollten möglichst nur kurz abgebraust werden, da sie durch ihre Samthaut sehr empfindlich sind und sehr schnell zermatschen. Für die Zubereitung von Likören mit Himbeeren sollten möglichst die vollreifen

Nur die reifen Beeren des Schwarzen Holunders sind genießbar.

frischen Früchte verwendet werden, da Tiefkühlware nicht das entsprechende Aroma besitzt. Ich schreibe dies nur deswegen, da es Menschen gibt, die es sich auf diese Art und Weise sehr bequem machen möchten. Sie werden mit tiefgekühlten Himbeeren jedoch nur ein sehr enttäuschendes Ergebnis erzielen.

Holunder

Der Holunder wächst als Strauch oder Baum in ganz Europa, Westasien, Nordafrika und Nordamerika. Unzählige Sagen und Legenden ranken sich um diesen „Fliederstrauch", wie er in den nördlichen Gebieten auch genannt wird. Er war früher als Hausbaum in jedem Bauerngarten zu finden, denn in ihm wohnt der gute Hausgeist, den wir auch als Frau Holle kennen. Außerdem diente er als lebende Hausapotheke, denn sowohl die Blüten, die Früchte, die Rinde als auch das Holz wurden für Heilzwecke beziehungsweise für Rituale gebraucht. Holunderholz galt als Symbol für Tod und Sorgen. Aus diesem Grund bestand wohl der Zollstock des Totengräbers aus Holunderholz. Uns interessieren jedoch in erster Linie die Blüten und die Früchte, damit wir diese zu eher heilsamen Zwecken einsetzen können. Die Blüten erscheinen im Frühsommer und werden als ganze Dolde geschnitten und getrocknet, um einen schweißtreibenden Tee daraus herzustellen. Der wohlschmeckende Holunderblütensirup und der leckere Holunderblütenlikör werden jedoch aus den frischen, in voller Pracht stehenden Blüten hergestellt. Die Früchte werden dann vollreif im Hochsommer bis Herbst geerntet, wobei man darauf achten muss, dass alle noch grünen Beeren vor der Verarbeitung entfernt werden müssen. Sie können Durchfall und Unwohlsein hervorrufen, da sie nicht ganz ungiftig sind. Die Verwendung von Holunderblüten in alkoholischen Getränken wie Wein oder Schnaps kann man obendrein unter dem Aspekt der Volkserotik sehen. In Thüringen hieß es früher: „Auf Johannistag blüht der Holler – da wird die Liese noch toller!"

Man sagt, unter dem Hollerbusch habe man besonders schöne Träume.

Hopfen

Wer's mit dem Holler zu bunt treibt, kann sich mit Hopfen beruhigen. Und zwar mit den weiblichen Blütenständen, den Hopfenzapfen. Diese werden schon seit alters wegen ihrer beruhigenden Wirkung geschätzt.

Der hohe Bitterstoffgehalt des Hopfens sorgt für eine gute Verdauung, hilft bei Gelbsucht, Magen- und Leberbeschwerden. Dann allerdings nur als Hopfentee, denn eine geschädigte Leber darf nicht zusätzlich mit Alkohol „bombardiert" werden. Kinderärzte empfehlen heutzutage auch wieder Hopfenbäder für allzu lebhafte Kinder mit Einschlafstörungen. Wenn Sie Schnaps mit Hopfenblüten ansetzen möchten, so sollten es immer die ganzen Zapfen sein, wobei hier bereits kleine Mengen für ausreichend „Bitterkeit" sorgen. Hopfenschnaps sollte daher nur als Heiltrank angesehen und verdünnt getrunken

Hopfen wächst enorm in die Höhe und blüht in den oberen „Regionen".

Rote Johannisbeeren können als Strauch oder Hochstämmchen gezogen werden.

schmerzen und Zahnfleischbluten. Innerlich verwendete man ihn als Mittel gegen Wassersucht, Husten, Heiserkeit, Gicht, Rheuma und Hämorrhoiden. Die frischen Beeren galten schon immer als Stärkungsmittel bei Fieber, Nieren- und Blasenbeschwerden und Lungenerkrankungen.

Schwarze und Rote Johannisbeeren werden heute zur Herstellung von Marmelade, Likören und Fruchtsäften gebraucht. Ich für meinen Teil kann die Schwarzen Johannisbeeren nicht riechen und nur bedingt schmecken, so dass ich trotz der guten Heilwirkungen einen Bogen um diese Früchte mache. Für meine Liköre verwende ich daher gerne die Roten und Weißen Johannisbeeren.

werden. Als Geschmacksverbesserer eignen sich Anis oder Fenchel, wobei durch deren Zugabe die verdauungsfördernde Wirkung noch unterstützt wird.

Johannisbeeren

Die Schwarze Johannisbeere ist eine wichtige Heilpflanze. Früher kam sie in feuchten Gebüschen und Auwäldern noch häufig wild vor, sie ist in der Zwischenzeit jedoch sehr selten geworden und steht auf der „Roten Liste". Die Blätter enthalten reichlich Gerbstoffe, ätherisches Öl und Rotin. Die Beeren besitzen einen hohen Vitamin-C-Gehalt. Johannisbeerblättertee benutzte man äußerlich zum Gurgeln bei Hals-

Bei solcher Arbeit ist Naschen erlaubt.

So blüht das Echte Johanniskraut.

Johanniskraut

Kein echter Kräuterfan kommt an diesem allzeit heiligen Sommerkraut vorbei. Wichtig ist jedoch, dass man das Echte, das heißt das durchlöcherte, Johanniskraut erwischt. Das ist nicht immer eindeutig, denn es gibt eine ganze Reihe von Johanniskräutern in unserer Landschaft. Häufig wird es auch mit dem Kreiskraut verwechselt. Solch einen Irrtum schließt man aus, wenn man die Blüten zwischen den Fingern zerreibt und diese sich dabei rötlichviolett verfärben. Das kommt von dem Hauptwirkstoff Hyperizin. Namen wie

Blutkraut, Teufelsflucht, Johannisblut, Altblut, Christi Kreuzblut und Herrgottsblut lassen auf das hohe Ansehen dieser Pflanze schließen.

Geerntet wird, wenn das Kraut in voller Blüte steht. Als Tee trocknet man das ganze Kraut mit Blättern und Blüten, für das rote Johanniskrautöl werden nur die frischen Blüten verwendet. Die Anwendungsgebiete für dieses wertvolle Heilkraut liegen alle im beruhigenden und stimmungsaufhellenden Bereich. Johanniskraut eignet sich daher als Tee, Tinktur und alkoholischer Heiltrank für die Stärkung von Geist, Nerven und Magen. Alkoholische und ölige Auszüge aus Johanniskraut färben sich auf Grund des Hyperizins rötlich bis tiefrot.

Kardamom

Schon im frühen Ägypten und später in Griechenland und Rom kannte man den Kardamom. Die Kardamomkapseln stammen von der gleichnamigen Staude, die wiederum zu den Ingwergewächsen zählt. Über die alten Karawanenstraßen gelangte dieses Gewürz dann nach Europa und wird seither auch hier als Gewürz für Kuchen und

Kardamomkapseln haben eine weite Reise hinter sich.

97

Backwaren und als Verfeinerung von Tee und Kaffee verwendet. Heute bekommen wir Kardamom aus Indien, Java, Ceylon und Guatemala. Im Orient und in Indien ist gemahlener Kardamom ein wichtiger Bestandteil der Currymischungen.

Für die Aromatisierung von Likör, Kaffee, Tee, Bowlen und die Verwendung in der Küche eignen sich ausschließlich die grünen Kardamomkapseln, da nur sie den unvergleichlichen süßlichen Duft und das feine Aroma besitzen. Braune Kardamomkapseln sind dagegen eher bitter.

Bevor Sie Ihre Kardamomkapseln in Alkohol einlegen, sollten Sie diese, wie Anis und Fenchel, im Mörser zerkleinern, damit das ätherische Öl freigesetzt wird. Kardamom wirkt verdauungsfördernd und gibt frisch zerkaut einen guten Atem. Kardamom passt als Gewürz in Verbindung mit Ingwer, Vanille, Zimt, Pfeffer, Zitrusfrüchten und Obst. Als alkoholische Basis eignet sich weißer Rum.

Koriander

Der Koriander war bereits den Ägyptern, den alten Indern und den Chinesen bekannt und gehört bis auf den heutigen Tag zu den wichtigsten Gewürzen der orientalischen Küche. Koriander wird selbst bei uns angebaut und häufig als Brot- und Lebkuchengewürz oder zum Einlegen von Gemüse benutzt.

Die Pflanze stellt wenig Ansprüche an ihren Standort, so dass es jederzeit möglich ist, die im Handel erhältlichen ganzen Koriandersamen in Beete, Kästen oder Töpfen auszusäen. Die Erde sollte locker sein und der Standort sonnig. Bei der Ernte muss man jedoch darauf achten, dass die noch nicht ganz ausgereiften Samenstände geschnitten werden und zum Nachreifen an einen trockenen und luftigen Platz aufgehängt werden. Die reifen Samen streift man dann über einem Tuch ab und gibt sie in

Zu Koriander sagt man auch „Wanzenkraut".

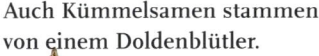

Auch Kümmelsamen stammen von einem Doldenblütler.

ein gut schließendes Gefäß, damit die ätherischen Öle erhalten bleiben. Frische Korianderblätter werden ebenfalls in der Küche verwendet, um speziellen asiatischen und orientalischen Gerichten eine besondere Note zu geben. Bei der Ernte dieser Blätter wird Ihnen dann auch der Begriff „Wanzenkraut" durchaus einleuchtend erscheinen, der „Duft", der Ihnen hierbei in die Nase steigt, ist eindeutig.

Die Koriandersamen sind krampflösend und bringen Erleichterung bei Blähungen und „verklemmten" Winden. Sie werden überwiegend als Gewürz für Kuchen, Pasteten, Pudding, Fruchtspeisen, Süßigkeiten, Kakao, Schokolade und eben Liköre und Elixiere verwendet. Auch bei der alkoholischen Zubereitung machen sich Heil- und Würzkraft sehr angenehm bemerkbar.

Kümmel

Kümmel gehört zu den ältesten Gewürzen der Menschheit. Und das, obwohl der Kümmel in verschiedenen Arten vorkommt, denn der nordeuropäische Wiesenkümmel ist anders wie der Kümmel aus Kleinasien. Die Heilstoffe sind aber die gleichen.

Reichlich ätherisches Öl, fettes Öl, Gerb- und Bitterstoffe machen Kümmel zu einem hervorragenden Verdauer.

Seine ätherischen Öle wirken krampflösend und in Verbindung mit den Bitterstoffen zudem verdauungsfördernd. Was wäre der Aquavit, der Küstenköm oder der Nordländer ohne Kümmel? Aber selbst hier gilt es, die Dosierung einzuhalten, und wenn es noch so gut schmeckt. Einen Magen-Darm-Tee oder einen Milchbildungstee mit Kümmel werden Sie mit Sicherheit nicht überdosieren, denn so gut schmeckt dieser nun wirklich nicht.

Nichts ist mir unangenehmer, als auf Kümmelkörner zu beißen und Men-

So blüht der Kümmel im Sommer.

schen, die zu den „Kümmelspaltern" gehören, gehe ich sehr gerne aus dem Weg. Aber so manche deftige Speise, wie zum Beispiel Kohl- und Zwiebelgerichte, werden durch die Zugabe von Kümmel einfach besser verdaulich. Daher sollten Sie für Ihre Schnapsküche immer ausreichend Kümmel im Haus haben.

99

Lavendel

Kennen Sie das beliebteste Postkartenmotiv aus der Provence? Riesige Lavendelfelder mit knorrigen Olivenbäumen im Vordergrund. Klar, dass auf den Postkarten der Lavendel natürlich immer blüht, denn die zum Teil maschinell abgeernteten Stauden erstrahlen im Höchstfall noch silbriggrau und wirken irgendwie rasiert.

Aus der einstmals wilden Gebirgspflanze ist schon längst eine Nutzpflanze geworden und gärtnerische Erfolge sind in den verschiedenen Blütenfarben zu erkennen, die in der Zwischenzeit den Lavendelmarkt bereichern.

Die ertragreichste Lavendelsorte 'Lavandin' wird in erster Linie zur Gewinnung des ätherischen Lavendelöls angebaut. Die optimale Tageszeit für die Lavendelernte ist über Mittag bei 35 Grad Celsius und ohne Schatten und daher nicht unbedingt für jeden Menschen gesund. Die Anwendung von Lavendel hat eine jahrtausendealte Tradition. Er wurde verräuchert und ausgelegt, um böse Geister zu vertreiben. Man badete darin und verwendete Lavendelwasser gegen Pest und üble Gerüche. Auch Lavendelessig ist seit Urzeiten im Gebrauch. Das reine ätherische Lavendelöl wird so vielfältig eingesetzt, dass ich ihm mindestens mein halbes Buch widmen könnte. Es ist eine uralte Vorgehensweise, Lavendel mit Alkohol anzusetzen, damit er innerlich und äußerlich seine Heilwirkung entfalten kann. Lavendel wirkt antibakteriell, antiseptisch, wundheilend, schmerzlindernd, durchblutungs-

Lavendelsträuße sind nicht mehr altmodisch, sondern modern und beliebt.

fördernd und krampflösend. Lavendel lindert oder erzeugt Kopfschmerzen je nach Veranlagung. Wie bei allen Düften gibt es hier unterschiedliche Reaktionen, was die Mitmenschen betrifft. Ich habe jedoch die Erfahrung gemacht, dass sich viele Menschen mit diesem Kraut nur deswegen umgeben, weil es nach „Urlaub" riecht.

Lorbeer

Lorbeersträucher oder -bäumchen in Töpfen und Kübeln gehören in der Zwischenzeit fast zum Standard einer mediterranen Terrassen- und Gartengestaltung.

Obwohl Lorbeerblätter in unseren nordeuropäischen Küchen eher stiefmütterlich behandelt werden – natürlich mit Ausnahmen, sollten wir ihre verdauungsfördernden Inhaltsstoffe nicht unterschätzen und sie vielleicht doch öfter einsetzen. Mit einem Achtel Lorbeerblatt, wie in einem Lied besungen, ist es aber nun wirklich nicht getan. Dieses Achtel Lorbeerblatt erinnert an die Zeit, als im Mittelalter Gelehrte und erfolgreiche Prüflinge mit einem Kranz aus Lorbeerblättern oder „bacca laurea" gekrönt wurden.

Die wissenschaftliche Graduierung „baccalauréat" in Frankreich und die englische Bezeichnung „bachelor" gehen wohl auf den Lorbeerkranz von einst zurück. Die alten Römer widmeten den Lorbeer sogar dem Gott des Lichtes und bekränzten Kaiser, Generäle und Dichter mit *„laurus nobilis"*, dem edlen Lorbeer. Mancher muss sich aber bis auf den heutigen Tag eben mit einem Achtel eines solchen Blattes begnügen. Aber auch die anderen dürfen sich auf gar keinen Fall auf ihren Lorbeeren ausruhen.

Wir „Schnapsansetzer" haben es da einfacher. Wir versenken die Blätter einfach in Alkohol und genießen die Heilwirkung dieser Pflanze „an Ehren voll" als Aperitif oder Verteiler! Lorbeerblät-

Lorbeerblätter können direkt auf der Terrasse geerntet werden.

ter können getrocknet oder frisch verwendet werden, wobei das intensive Aroma der getrockneten Blätter vorzuziehen wäre.

Wenn Sie ein Lorbeerbäumchen selbst auf der Terrasse kultivieren möchten, um immer über einen ausreichenden Vorrat an Lorbeerblättern zu verfügen, sollten Sie dieses eher wenig gießen und düngen. Lorbeer ist bei uns leider nicht winterhart und muss daher im Haus kühl und hell überwintert werden.

Löwenzahn gehört zu den wichtigsten Heilkräutern.

Löwenzahn

Die „Kuhblume" unserer Fettwiesen gehört zu den wichtigsten und vielfältigsten Heilpflanzen aus unserer Umgebung. Von Löwenzahn kann die Wurzel, das Kraut, die Blätter oder die Blüte geerntet werden. Bereits im Mittelalter wurde er bei Leber- und Gallenleiden, Durchfall, Fieber und als Kosmetikum gegen Sommersprossen und gerötete Haut verwendet. Die jungen Blätter werden heutzutage wieder als Frühlingssalat mit blutreinigender und entschlackender Wirkung geschätzt. Die Aktivität der Leber- und Gallensekretion sowie der gesamte Stoffwechsel werden durch Löwenzahnkraut angeregt. Es hat sich auch bei rheumatischen Beschwerden und Gicht bewährt. Die wassertreibende Wirkung ist ebenfalls landauf, landab bekannt und hat dieser schönen goldgelben Blume den Namen „Bettpisser" oder „Pissblume" eingebracht.

Auf Grund ihres hohen Gehaltes an Bitterstoffen ist die gesamte Pflanze als verdauungsförderndes Mittel zu empfehlen. Für unsere Schnapsansätze eignen sich die Blüten wegen ihres zarten Aromas besonders gut. Die ausgezupften oder ganzen Blüten ergeben mit ihren leichten Bitterstoffen einen hervorragenden Aperitif auf Weinbrand- oder Weinbasis.

Minzen

Haben Sie sich schon einmal auf die Suche nach der Minze gemacht, die in so manchen Rezepten erwähnt wird? Dann haben Sie mit Sicherheit bemerkt, dass dies ein schwieriges Unterfangen ist, und haben sich ganz schnell mit Pfefferminze zufrieden gegeben.

Wo die Fallschirmchen der Pusteblume wohl landen werden?

Sieht eigentlich ganz harmlos aus, das Potenzholz, oder?

Bereits die Griechen und Römer entdeckten die antiseptischen Eigenschaften und die verdauungsfördernde, anregende und kühlende Wirkung dieser vielfältigen Staude. Selbst die liebesanregende Wirkung war bekannt und man warnte die griechischen Soldaten vor dem Gebrauch der Minzen, da man fürchtete, diese Spezialwirkung würde zur Schwächung der Kampfkraft führen. Die Araber hatten damit nie ein Problem und trinken Pfefferminztee bis auf den heutigen Tag auch zur Stärkung der Manneskraft.

Frisch und getrocknet entfaltet die Pfefferminze ihren intensiven Duft.

Frisch eignet sich die Pfefferminze als Tee, für Kräuterschnäpse und Liköre und als ätherisches Öl, um Süßigkeiten, Arzneien, Seifen und Zahnpasten zu aromatisieren. Minzen haben aseptische und örtlich betäubende Eigenschaften, weshalb sie auch als Gurgelmittel eingesetzt werden.

Hier eine kleine Auswahl „Schnaps geeigneter" Minzen: Krauseminze, Ananasminze, grüne Minze, Apfelminze und eben die Pfefferminze.

Potenzholz

Von allen meinen Hexenkräutern der besonderen Art ist das Potenzholz wohl das unbekannteste. Was hier zu Lande mit Bohnenkraut, Spargel, Pfefferminze, Rosmarin und anderen bewerkstelligt wird, wird bei den Jilbaro-Indianern und einigen ihrer Nachbarvölker mit diesem Wunderholz kuriert. Es ist die innere Rinde eines kleinen Baumes, die frisch gekaut oder getrocknet gekocht wird, um als natürliches Stärkungsmittel und Aphrodisiakum zu dienen. Im südamerikanischen Tiefland brauen die Panukur-Indianer einen Aufguss aus Muira puama bei Impotenz, Frigidität und Zeugungsunfähigkeit.
Da das Potenzholz nicht besonders gut schmeckt, empfiehlt es sich, den Ansatz, sei er nun alkoholisch oder wässerig, mit Honig, Vanille oder Ingwer zu „veredeln".
Übrigens haben neuere Studien aus Paris bestätigt, dass das Potenzholz nicht nur aphrodisierend, sondern auch geistig anregend bei Mann und Frau wirkt. Wenn das nichts ist!

Wie kleine Sonnen leuchten die Ringelblumen im Gartenbeet (oben).
Die Königin der Blumen möchte
geschnitten und nicht gerupft werden
(unten).

Ringelblume

Die Ringelblume gehört mit ihrem würzigen Aroma und ihren strahlend gelben Blüten zu den Lieblingen in meinem Kräuterbeet. Ähnlich wie die Blüten der Margerite spielt auch die Ringelblume eine wichtige Rolle beim Liebes-
orakel („Er liebt mich, er liebt mich
nicht ..."). Außerdem sah man in ihr ein
Symbol für die blühende und wachsen-
de Liebe. Vielleicht gefällt sie mir deswegen so gut!

Als Heilpflanze wird die Ringelblume
in der Volksmedizin gerne äußerlich
bei schlecht heilenden Wunden, Ge-
schwüren, Verbrennungen und Venen-
problemen in Form von Tinktur oder
Salbe angewandt. Als Zugabe von Le-
ber-, Gallen- und Magen-Darm-Tees
werden die Blüten mit ihren Kelch- und
Blütenblättern verwendet. Die ausgezupften getrockneten Strahlenblüten
verschönern so manche Teemischung
mit ihrem Aussehen und ihrem Geschmack, der ein wenig an Honig erinnert. Da sich die Ringelblume nur bei
schönem Wetter öffnet, kann man sie
auch als Wetteranzeiger gebrauchen. In
manchen Gegenden heißt sie daher
auch „Regenblume".

Ich verwende die Ringelblumenblüten
für meine alkoholischen Ansätze aus
demselben Grund, wie in der Wirkung
als Tee. Durch ihre leichten Bitterstoffe,
ihr ätherisches Öl, ihre Saponine und
Flavonoide wirkt sie krampflösend und
entzündungshemmend und sie sieht
überdies einfach wunderhübsch aus,
auch „beschwipst"!

Rosen & Hagebutten

Die Zahl der Dichter, die die Rose von der Antike bis auf den heutigen Tag zu beschreiben versucht haben, ist endlos. Die Ehrerbietung vor dieser Königin der Blumen nahm zum Teil übermenschliche Formen an.

In einigen Ländern werden noch heute Speisen und Getränke mit Rosenöl und Rosenwasser aromatisiert. Die Rosen für die Gewinnung des kostbaren Rosenöls gehören zu der Familie der Zentifolien. Aber auch unsere europäischen Apfel- oder Essigrosen können zu so manch duftender Rosenspezialität herangezogen werden. Die Blüten werden vormittags geerntet, damit nicht in der Mittagshitze die wertvollen Inhaltsstoffe verloren gehen. Rosenblütentee wirkt

Unter Rosen stellen sich die schönsten Träume von selbst ein.

kühlend und stoffwechselanregend. Weitere Getränkespezialitäten: Rosenbowle, Rosensirup und Rosenlikör.
Hagebutten werden zu Tee- und Schnapszwecken verwendet. Wegen ihres hohen Vitamin-C-Gehaltes sind sie hervorragende Beschützer in der kalten Jahreszeit.

Rosmarin

„Ros marinus", der Tau des Meeres, wächst in den Mittelmeergebieten wild an steinigen und warmen Felshängen. Der intensiv duftende und blau blühende Strauch gehört bei uns in der Zwischenzeit zum Kräuter-Standardsortiment. Er muss allerdings als Kübelpflanze gehalten und im Haus überwintert werden.
Rosmarin besitzt ein stark anregendes und durchblutungsförderndes ätherisches Öl. Er wird gerne in der Küche für Würzzwecke verwendet, wobei man

Rosmarin – etwas für Menschen mit schwachen Nerven und labilem Kreislauf

Vom Salbei können die Blätter und die Blüten geerntet werden.

hier sehr sparsam zu Werke gehen sollte, da die Würzkraft sehr intensiv ist. Rosmarin macht deftige Gerichte besser verdaulich.

Der Ansatz in Alkohol gehört zu den hochwirksamen Heiltränken bei Durchblutungsstörungen und Nervenschmerzen oder zur Anregung der Verdauung. Hier ein Notfallrezept bei Blutleeregefühl im Kopf: Ein Esslöffel Rosmaringeist mit einem Esslöffel Rosenwasser mischen und mit den Fingerspitzen auf den Schläfen verteilen.

Salbei

Es gibt fast keine Alltagsbeschwerden, die mit Salbei nicht behandelt werden können. Schon der Gattungsname, der aus dem Lateinischen stammt und *„salvere"* lautet, bedeutet retten oder heilen. Der Glaube in die enormen Heilkräfte, die dieser Pflanze inne wohnen, hat wohl zu dieser Bezeichnung geführt. Bei den Römern ging man sogar so

weit, dass man Salbei für ein heiliges Kraut hielt, es könnte nicht nur das Leben retten, sondern es auch neu schaffen. Sterile Frauen mussten vier Tage lang Salbeisaft trinken und jedem Manne fern bleiben, um anschließend schwanger zu werden. So einfach war das in den Tagen Roms. Salbei galt auch als allgemeines Tonikum für Körper und Geist, um beides zu stärken. Vielleicht kam dadurch so mancher „sterile Mann" wieder zu Kräften und wurde Vater.

Bereits im Mittelalter kannte man schon die heutige Indikation für Salbeitee gegen Erkältungen, Halsschmerzen, bei Kreislaufschwäche, für die Rekonvaleszenz, gegen Depression, Anämie und Prüfungsstress. Mit Salbei wurden bereits früher Krankenzimmer ausgeräuchert.

Die wilde Schafgarbe blüht sowohl in Weiß als auch in Rosa.

Eine ganz besondere Bedeutung hat Salbei in der Küche erlangt und er wird daher bereits seit Jahrhunderten als Gewürz geschätzt. Nicht nur der würzige Geschmack, sondern auch die verdauungsfördernde Wirkung dieses Würzkrautes eignet sich hervorragend für die Anwendung bei fetten Fleisch- und Fischgerichten sowie zu Eintöpfen und Suppen.

Ein voller Strauß aus Sommerkräutern: Schafgarbe und Johanniskraut

Ich habe die Erfahrung gemacht, dass gerade bei der Anwendung des Salbeis als Gewürz noch sehr viel Unsicherheit existiert, obwohl die meisten Garten- oder Terrassenbesitzer einen oder mehrere Salbeistauden ihr Eigen nennen. **Daher mein Tipp:** Benutzen Sie Salbei zu allen Speisen und finden Sie so Ihre speziellen Favoriten heraus, denn Salbei ist wirklich gesund und zwar nicht nur als Halswehtee!

Alkoholischen Getränken gibt Salbei seinen würzigen Geschmack und natürlich desgleichen von seinen enormen Heilkräften ab. Salbei in Verbindung mit Thymian zählt übrigens zu den stärksten pflanzlichen Desinfektionsmitteln.

Schafgarbe

Die Schafgarbe ist mehrjährig und wächst bevorzugt auf Wiesen, Weiden und am Wegesrand. Diese eher genügsame Pflanze liebt überwiegend trockene Standorte, um Gerbstoffe, Bitterstoffe, ätherisches Öl und Mineralstoffe ausbilden zu können.

Diese Inhaltsstoffe machen sie zu einer hochwirksamen Arzneipflanze. Schaf-

garbe wirkt blutstillend, krampflösend, hilft bei Leber- und Nierenleiden, bei Hämorrhoiden, Magen- und Darmkrämpfen. Auch als so genannte „Frauenpflanze" wird sie seit Jahrhunderten in der Frauenheilkunde angewendet. Früher legte man das Wöchnerinnenzimmer mit Schafgarben aus, um Mutter und Kind vor Dämonen und Hexen zu schützen. Heute wissen wir auch, dass sie in geringe Mengen das giftige Thujon enthält, das heißt Schafgarbentee sollte nicht über längere Zeit und in höheren Dosen getrunken werden. Ich verwende Schafgarbe in Alkohol für verdauungsfördernde Schnäpse oder verdünnt als Umschlag bei Verletzungen. Im Frühjahr zupfe ich die jungen Blättchen, um sie als Suppen-, Salat- oder Spinatzugabe zu verwenden. Für den Ansatz in Schnaps schneidet man die gerade aufgeblühten Schafgarbenstängel mit Blüten und Blättern zirka zehn Zentimeter lang ab und gibt sie frisch in den Alkohol.

Mein Tipp: Wichtig! Die Gartenzuchtformen der Schafgarbe sind zu Heil- und Schnapszwecken nicht geeignet.

Jetzt ist die richtige Zeit, um Schlehen zu ernten. Sie sollten den ersten Frost schon abbekommen haben (unten).

Schlehe

Wenn der Schlehdorn reichlich blüht, gibt es viele Kinder im folgenden Jahr. Das glaubte man zumindest früher. Nun ja, wenn ich mir so überlege, dass die Schlehen in der beginnenden warmen Jahreszeit blühen, wenn der Boden wieder warm und trocken ist, könnte man solches vermuten. Auf jeden Fall sind die Schlehen wohl das älteste Obstgehölz – dies wird durch Funde von Schlehenkernen in steinzeitlichen Anlagen belegt.

In der Volksheilkunde werden die Blüten als Abführmittel und zur Blutreinigung verwendet, was wohl auf den sehr geringen Blausäuregehalt zurückzuführen ist. Wesentlich wichtiger sind jedoch die Schlehenfrüchte. Sie sind ein hervorragendes Stärkungsmittel nach schweren Krankheiten oder Geburten. Man verwendet sie dann als Mus oder Schlehensaft.

Die Schlchenfrüchte sind aber nach wie vor als Grundlage für Liköre oder Wein sehr beliebt und diese delikate Verwendung kann ich nur wärmstens empfehlen. Und das im wahrsten Sinne des Wortes, denn Schlehenlikör hat tatsächlich eine erwärmende und anregende Wirkung und eignet sich daher besonders für die Wintermonate.

Schlüsselblume

Die Schlüsselblume gibt es auch in zwei „Ausfertigungen". Einmal die Hohe Schlüsselblume der lichten Auwälder und Waldränder und zum Zweiten die niedrige, stark duftende Wiesenschlüsselblume. Sie ist eine typische Pflanze Mitteleuropas und kommt daher in den Ländern südlich der Alpen nicht vor. Daher wird sie in den antiken Pflanzenschriften nicht erwähnt.

Für unsere Tränke verwenden wir die einfache Wiesenschlüsselblume.

Die Sternanisfrüchte sind auch eine beliebte Weihnachtsdekoration.

Im Mittelalter wurde sie als herzstärkendes Mittel, aber auch gegen Erkältungen, Harnsteine, Geschwülste und Wunden gebraucht. Heute wissen wir, dass sich die Schlüsselblume durch ihren hohen Saponingehalt für den Einsatz gegen festsitzenden Husten eignet. Die Saponine verflüssigen den zähen Schleim, so dass er abgehustet werden kann. Auch die leicht herz- und kreislaufentlastende Wirkung ist bestätigt.

Die zarten Blätter der Schlüsselblume können mit anderen Wildkräutern zu einer Kräutersuppe verarbeitet werden, wobei das Sammeln nur in Gegenden mit hohem Bestand erlaubt ist, ansonsten steht sie unter Naturschutz.

Für einen Schlüsselblumenlikör verwendet man nur die Blüten der Wiesenschlüsselblume. Sie können aus dem Zuchtstaudensortiment der Gärtnereien im Garten angepflanzt werden.

Sternanis

Der Sternanis stammt aus China. Es ist ein kleiner immergrüner Baum, der etwa acht Meter hoch wird und erst ab dem sechsten Jahr Früchte trägt. Dann aber hundert Jahre lang! Die „Sterne" sind eigentlich Sammelfrüchte, die jeweils einen Samen tragen. Die eigentliche Würzkraft sitzt jedoch in der Fruchtschale. Sternanis enthält als ätherisches Öl das Anethol, das auch bei unserem einheimischen Anis die Hauptrolle spielt.

Sternanis wird bei uns – im Gegensatz zur chinesischen Küche – lediglich als Backzutat, in Glühwein oder einzelnen Einkochspezialitäten gebraucht. Sternanis ist aber ein hervorragendes Aromat für Schnäpse und Liköre und wirkt allgemein anregend und verdauungsfördernd.

Als Heilkraut wird nur der Gartenthymian verwendet.

Thymian

Thymian gibt als Echten oder Gewöhnlichen, als Zitronen- oder Orangenthymian, in Weißbunt oder silbern, kriechend oder aufwärts wachsend – sie haben die Qual der Wahl. Als Heil- und Würzpflanze kommen in erster Linie der Echte und der Zitronenthymian in Frage – insofern kann ich Ihnen die Auswahl etwas erleichtern. Thymian kommt in den Mittelmeerländern häufig wild vor, muss bei uns aber im Garten kultiviert werden. Das Steingartenbeet oder der Balkonkasten oder -kübel wäre die richtige Umgebung für ihn.

Wie der Salbei diente auch der Thymian früher zu Räucherzwecken, mit denen man jedoch den Geist und das Gemüt anregen wollte. Als Heilkraut wurde er schon immer mit Husten, Asthma, Vergiftungen und Atemnot in Verbindung gebracht und entsprechend verwendet. Auch Magenkrämpfe, Unterleibsschmerzen und Kopfschmerzen behandelte man mit Thymian.

Nach heutigen Erkenntnissen besitzt der Thymian krampflösende, schleimverflüssigende und eine desinfizierende Wirkung, da er das Wachstum von Bakterien hemmt.

In der Küche findet der Thymian als aromatisches, kräftiges Gewürz für Fleisch, Eintöpfe, Kartoffelgerichte, Pizza und Spaghetti Verwendung. Ja sogar Fisch kann dezent mit Thymian gewürzt werden. Als Bestandteil eines Heilschnapses wirkt Thymian krampflösend, desinfizierend und vorbeugend gegen Erkältungskrankheiten.

Wacholder

Wacholder wächst als typischer Vertreter der Trockenrasen und Heidelandschaften wild auf sonnigen, trockenen Hängen und Weiden. Da diese Flächen

Bei der Thymianernte wird gleichzeitig zurückgeschnitten.

nur mit Hilfe von Schafen offen gehalten werden können, bedingt der Rückgang der Schafhaltung auch einen Rückgang dieser typischen Wacholderweiden.

Die wassertreibende Kraft der Wacholderbeeren ist seit langer Zeit bekannt – sie galten als Universalheilmittel bei Nieren- und Blasenleiden, Regelstörungen, Hautausschlägen, Lungenleiden, Verdauungsschwäche, Gicht und Rheuma. Die in Schnaps eingelegten Beeren wurden als Wacholdergeist schon früher äußerlich bei Muskelschmerzen und Neuralgien und innerlich bei Appetitmangel und Verdauungsbeschwerden gebraucht. Da Wacholder in höheren Dosen und über längere Zeit angewandt zu Nierenschädigungen führen kann, ist er kein Allheilmittel und darf nur zeitweise verwendet werden.

Die Ernte der Wacholderbeeren ist eine etwas stachelige Angelegenheit.

Der charakteristische Duft des Waldmeisters entsteht erst beim Trocknen.

Waldmeister

Wie der Bärlauch ist auch der Waldmeister – der Name sagt es ja schon – ein Bewohner der Wälder. Man findet ihn allerdings nicht in jedem Wald, sondern lediglich in Buchen- und Laubmischwäldern.

Der Waldmeister dient in erster Linie der Aromatisierung von alkoholischen Getränken und Sirupen. Man muss ihn allerdings genau kennen, denn er gibt sein duftendes Geheimnis erst während des Welkens preis, das heißt, der klassische Cumarinduft (= Hauptduftstoff) entsteht erst, wenn das Kraut zu welken anfängt. Daher sollten Sie Ihr Waldmeistersträußlein für die Bowle oder den Schnaps erst einmal etwas trocknen lassen, bevor Sie dieses weiter verarbeiten. Außerdem gibt es noch eine

111

Die Weinraute stellt mit ihrem blaugrauen Laub eine schöne Staude dar.

Höchstdosierung für diesen Waldbewohner, sie lautet: zehn Gramm getrocknetes Kraut auf einen Liter Flüssigkeit – sonst steigt Ihnen nicht nur der Alkohol, sondern auch der Waldmeister in den Kopf, und Sie haben mit den Folgen zu kämpfen.

Waldmeister ist jedoch auch ein ausgezeichnetes Beruhigungsmittel für die Nerven. Waldmeistertee oder -schnaps wirkt lindernd, beruhigend und entspannend, wobei auch hier die Dosis eine Rolle spielt.

Mit seiner Hilfe können Sie auch Insekten und Motten vertreiben, füllen Sie den Waldmeister in Säckchen und hängen Sie diese in Ihren Schrank. Für diesen Zweck können Sie den Waldmeister sogar noch nach der Blüte ernten. Ansonsten wäre die richtige Erntezeit immer vor der Blüte.

Weinraute

Die Weinraute gilt als eines der bittersten Kräuter nördlich der Alpen. Sie wird bei Verdauungsstörungen eingesetzt, die auf einen Mangel an Verdauungssäften zurückzuführen sind.

Die Weinraute zählt aber dennoch zu den eher vergessenen Heilpflanzen. Nach alter Überlieferung soll sie die Sehkraft stärken und als Gegengift wirken. Aber auch die abtreibende Wirkung war recht gut bekannt und man nannte sie daher „herbe à la belle fille" (Kraut des schönen Mädchens). Hätte das schöne Mädchen jedoch früh genug ausgiebig mit Weinraute gewürzt, dann wäre sie durch die anaphrodisierende Wirkung dieses Krautes erst gar nicht in Not gekommen. Weinraute wirkt nämlich in höheren Dosen sehr stark beruhigend bis narkotisierend, da sie einige Mohnalkaloide als Inhaltsstoffe nachweisen kann.

Bei der alkoholischen Verarbeitung dieses Krautes sollte man sich gleichfalls eher zaghaft an die Dosierung herantasten, denn wie gesagt, es gehört zu den bittersten Kräutern überhaupt. In Verbindung mit Salbei können Sie jedoch einen Gegengifttrank brauen, von welchem es heißt: „Salbei und Rauten vermengt mit Wein, lassen Dir den Trunk nicht schädlich sein."

Wermut

Ein Bitterling sondergleichen ist der Wermut. Diese Bitterkeit verspüren Sie bereits, wenn Sie in eine Dose mit Wermuttee hineinriechen. Der gesamte Rachenbereich wird dabei bitter.

Diese mehrjährige, eineinhalb Meter hohe und silbergraue Staude wächst mit Vorliebe in einer lockeren, sandigen und etwas kalkhaltigen Erde an einem sehr sonnigen Platz.

Der Wermut gehört unumstritten zu den magenstärkenden, appetitanregenden und verdauungsfördernden Mitteln, die sehr gerne in der Volksmedizin verwendet werden. Die Hauptwirkung der aromatischen Bitterstoffdrogen, zu denen der Wermut gehört, beruht auf der Anregung der Verdauungssekrete. Das ist auch der Grund, warum ich Wermut sehr gerne für Heiltränke mit verdauungsfördernder Wirkung verwende.

Sie sollten aber sehr sparsam mit diesem Bitterling umgehen, denn so merkwürdig es auch klingt, Wermut kann ab-

hängig machen und ganz besonders in „süffigen" Zubereitungen. Die extreme Bitterkeit wird bei längerem Gebrauch und in höheren Dosen als angenehm empfunden. Aus diesem Grunde sollte man wissen, dass Wermut Giftstoffe enthält, die die Hirnmasse absterben lassen – man verblödet.

Ysop

Dieser bereits in der Bibel erwähnte Kleinstrauch stammt ursprünglich aus Südeuropa und Vorderasien. Er wird seit ewigen Zeiten wie alle stark duftenden Kräuter als Heilpflanze benutzt. Die blauvioletten, rosafarbenen oder weißen Blüten erscheinen von Juli bis August. Nach einem Rückschnitt im Sommer blüht mein Ysop aber meistens noch einmal im September und Okto-

Die Wermutblüte erinnert ein bisschen an Beifuß.

Das Blau der Ysopblüte ist ein ganz besonderes.

Zitronenmelisse erfreut auch die Bienen.

ber. Der würzige Duft der Blätter erinnert etwas an Bohnenkraut und auch an Kampfer.

Durch sein ätherisches Öl, seine Bitter- und Gerbstoffe fördert der Ysop die Verdauung. Er wirkt magenstärkend aber auch schleimlösend und entkrampfend, was ihn auch als Hustentee auszeichnet. Mit Ysopblättern sollte man als Würze sparsam umgehen, um Salaten, Kartoffelsuppen, Eintöpfen, Fleischgerichten und Bohnengemüsen eine aparte Note zu verleihen. Ausgezupfte blaue Ysopblüten sind eine wunderschöne Dekoration für Gurken- und Tomatensalat. Der Ysop eignet sich auf Grund seiner ätherischen Öle sehr gut für einen Wohlfühlschnaps.

Zitronenmelisse

Da Honigbienen die Melissen heiß und innig lieben, bekamen diese Pflanzen auch gleich den passenden Namen. *„Melissa"* kommt aus dem Griechischen und bedeutet Honigbiene. Wer einmal eine solche Bienenfreundin in seinem Garten angesiedelt hat, wird sie so schnell nicht wieder los. An allen möglichen und unmöglichen Stellen im Garten erscheint sie ungefragt durch Selbstaussaat und erfreut uns (oder auch nicht) mit üppigen Exemplaren. Die Melisse kann den ganzen Sommer über geerntet werden und verträgt bis zu dreimal im Jahr einen Rückschnitt. Ihre Blätter erntet man an einem warmen sonnigen Tag, wenn zuvor eine Trockenperiode stattgefunden hat.

Melisse ist ein sehr gutes Heilkraut gegen Unruhe, Stress und Schlafstörungen. Auch bei nervösen Magenstörungen kann sie sanft helfen. Größere Exemplare von Melissenstauden kann man durch die Verwendung als Badezusatz rasch verkleinern. Für einen alkoholischen Ansatz schneidet man die oberen zehn Zentimeter der einzelnen Zweige kurz vor der Blüte, wäscht sie kurz und schonend ab und gibt sie sofort in den Alkohol.

Zitronenstrauch

Um es gleich vorweg zu sagen: Bei dem Zitronenstrauch handelt es sich nicht um einen Zitronenbaum und auch nicht um unser einheimisches Eisenkraut. Da nach meiner Erfahrung sehr viel Ungewissheit über diese Pflanze bei den Kräuterliebhabern besteht, möchte ich Ihnen daher an dieser Stelle einmal Gewissheit verschaffen. Selbst bei der botanischen Bezeichnung gibt es Probleme. Also, der Zitronenstrauch heißt auch auf Deutsch „Wohlriechendes" Eisenkraut, wobei das Wort wohlriechend von besonderer Wichtigkeit ist. Unser einheimisches einjähriges Eisenkraut ist nicht wohlriechend und heißt botanisch *Verbena officinalis*.

Das Gemeine an der Sache ist jedoch, dass der Zitronenstrauch, also das Wohlriechende Eisenkraut, auch unter dem Namen „Verbene" oder „Verwene" angeboten und verarbeitet wird.

Um alle Irrtümer zu vermeiden, hilft also nur die botanische Bezeichnung dieser Pflanze. Aber auch hier gibt es, man höre und staune, vier Bezeichnungen,

Ein Anblick, den nur wenige kennen: Ein blühender Verbenenstrauch.

Bevor Zitronenmelisse frisch verwendet wird, wird sie schonend gewaschen.

die da lauten: *Lippia triphylla*, *Lippia citriodorata*, *Verbena triphylla* und *Aloysia citriodorata*. Das Chaos ist demnach perfekt, wenn man diese Staude, die übrigens als mehrjährige Kübelpflanze gepflegt wird, nicht genau kennt.

Ich habe übrigens für mich beschlossen, sie einfach Aloysia zu nennen und mich mit ihr wie mit einer alten Freundin zu unterhalten. Sie hält auch den ganzen Sommer für mich ihre wunderbar nach süßer Zitrone duftenden Blätter bereit, damit ich sie als Likör, Potpourri und Tee genießen kann.

Wenn Sie getrocknete *Aloysia* einkaufen, sollten Sie auf ungeschnittene Qualität achten.

Zitrusfrüchte

Zu den uns bekannten Zitrusfrüchten gehören Orangen, Zitronen, Grapefruits, Limetten, Kumquats, Clementinen und Mandarinen. Stellvertretend für alle möchte ich mich an dieser Stelle etwas näher mit der Zitrone beschäftigen.

Die ersten Zitrusbäume gab es in China und zwar schon im 10. Jahrhundert vor Christus. Sie wanderten dann über Indien nach Persien und wurden von dort aus im 3. Jahrhundert vor Christus im Gepäck von Alexander dem Großen nach Griechenland gebracht. Die Araber und Kreuzritter brachten sie hernach in den gesamten Mittelmeerraum. Im 15. Jahrhundert spielte die Zitrone auch hierzulande im Totenkult eine große Rolle, indem man bei der Leichenfeier Zitronen bei sich trug, sie in den Sarg

Zitronen können auch auf der Terrasse gehalten werden.

Mit Zitronenscheiben werden häufig Getränke dekoriert.

legte und auf das Grabkreuz steckte. Zusammen mit dem Rosmarin, der zudem als Symbol für das ewige Leben galt, hatte man somit ein wirkungsvolles Desinfektionsmittel zur Hand. Das weiß man aber erst seit neuester Zeit. Die Zitrone und ihr ätherisches Öl wirken fiebersenkend, keimtötend, desinfizierend und entzündungshemmend.

In der Küche dienen Zitronen zum feinen Säuern von Salaten, Soßen, Fisch, Fleisch und Gemüse und, um unangenehme Gerüche „verduften" zu lassen. Zitrusfrüchte geben Likören und Schnäpsen eine angenehm fruchtige Frische und einen sehr guten Duft. Beim Einkauf sollten Sie unbedingt auf unbehandelte Früchte achten.

Gabriele Bickel hat nach einer Ausbildung zur Apothekenhelferin und anschließend Pharmazeutisch-Technischen Assistentin Grafik und Design studiert. Nach der Geburt ihrer Tochter beschäftigte sie sich mehr und mehr mit Kräutern und Gewürzen sowie deren Anwendung. 1993 eröffnete Frau Bickel ihren ersten Kräuterhexenladen – die Galerie aktiv – 1996 kam der zweite Laden im Kloster Maulbronn dazu.

Sowohl durch ihre Bücher als auch ihre Auftritte in Funk und Fernsehen ist die „Kräuterhexe von Sternenfels" weit über die Grenzen ihrer baden-württembergischen Heimat hinaus einem großen Publikum bekannt.

Vermerk: Alle Rezepte unterliegen dem Copyright by Galerie aktiv, D-75477 Sternenfels.
Alle Mengenangaben ohne Gewähr.
Mischungen können unterschiedliche Intensitätsergebnisse haben.

In diesem Buch werden Hinweise zur Naturheilkunde gegeben. Nur auf die beschriebenen Arten trifft die angegebene Verwendung zu, ihr Gebrauch setzt daher ihre sichere Kenntnis voraus.
Alle aufgeführten alkoholischen Kräuterhexentränke sollten immer nur beschränkte Zeit und nicht länger als notwendig eingenommen werden. Während der Schwangerschaft dürfen sie keinesfalls getrunken werden. Behandelt werden dürfen nur leichtere Gesundheitsstörungen, die keiner ärztlichen Behandlung bedürfen. Den Arztbesuch kann dieses Buch auf keinen Fall ersetzen.

Alle Angaben in diesem Buch sind sorgfältig geprüft und geben den neuesten Wissensstand bei der Veröffentlichung wieder. Da sich das Wissen aber laufend und in rascher Folge weiterentwickelt und vergrößert, muss jeder Anwender prüfen, ob die Angaben nicht durch neuere Erkenntnisse überholt sind. Dazu muss er zum Beispiel Beipackzettel lesen und genau befolgen, sowie Gebrauchsanweisungen und Gesetze beachten.

Register

Halbfette Zahlen weisen auf Abbildungen hin.

Altes Kräuterwissen

Gartentipps aus dem Erfahrungsschatz der Kräuterhexe

**Mein Kräuterhexen-
wissen**
ISBN 3-440-07277-0

Mein Kräuterhexengarten

160 Seiten
260 Abbildungen
gebunden

ISBN 3-440-08033-1

Wie sahen die Kräutergärten der vorigen Jahrhunderte aus? Die Kräuterhexe zeigt, was bei der Anlage eines Kräutergartens wichtig ist und welche Arbeiten wann anfallen. Von Anis über Indianernessel und Katzenminze bis hin zu Wermut reichen die Porträts der Hexenkräuter. Das Buch lädt ein, Gabriele Bickel ein Jahr lang zu beobachten.

**Meine Kräuterhexen-
gesundheit**
ISBN 3-440-07634-2

Meine Kräuterhexengeheimnisse

160 Seiten
250 Abbildungen
gebunden

ISBN 3-440-08245-8

Die allerbesten Rezepte der Sternenfelser Kräuterhexe für Gesundheit und Wohlbefinden jetzt in einem Band. Vom Anbau und der Verwendung von Kräutern über Schönheitstipps bis zur hohen Kunst der Kräuterhexe: das Heilen mit Kräutern und Heilsteinen. Die richtige Wahl für alle, die sich in unserem hektischen Alltag etwas Gutes tun wollen.

Bildnachweis

Mit 127 Farbfotos von:
Rainer Bode, Haltern (S. 43) • Norbert Fasching, Gärtringen (S. 42) • GBA, Au/Hallertau (S. 26, 54, 105 o) • Roland Krieg, Waldkirch (S. 84/85) • Bildarchiv Laux, Biberach/Riß (S. 6 u, 11, 25, 33, 58/59, 71, 75, 77 oli, 85, 88, 89, 90, 94, 95, 97 o, 98 u, 99 u, 102, 103 u, 106 u, 108, 109 beide, 111 beide, 112, 115, 116) • Manfred Pforr, Langenpreising (S. 18) • Reinhard-Tierfoto, Heiligkreuzsteinach (S. 2/3, 6 o, 21, 23 o,24, 34, 46/47, 51, 87 ure, 105 u, 110, 114) • Nils Reinhard, Heiligkreuzsteinach (S. 14, 20) • Ralf Roppelt, Sahara Werbeagentur, Stuttgart (S. 5, 8, 10/11, 12, 15, 17, 22, 22/23, 27, 28, 29, 30, 31, 32/33, 38, 40/41, 45, 48/49, 49, 50 beide, 53, 55, 57, 58 oli, 59 ore, 60, 62, 63, 64, 65, 67, 68, 69, 70, 72, 73 beide, 74, 76, 77 ore, 78 o, 78/79, 79 o, 80 o beide, 81 beide, 83 beide, 103 o) • Manfred Ruckszio, Taunusstein (S. 4, 35, 37, 61, 64/65, 86 uli, 87 oli, 90/91, 97 u, 98/99, 100, 101, 104, 106 o) • Alfred Schladerer, Alte Schwarzwälder Hausbrennerei GmbH, Staufen/Breisgau (S. 16 o) • Jutta Schneider, Malsburg (S. 13) • Peter Schönfelder, Pentling (S. 47, 86 ore, 92, 113 beide) • Stadtarchiv Maulbronn/Erich Blaich, Maulbronn (S. 16 u) • Friedrich Strauß, Au/Hallertau (S. 36, 56, 91, 93, 96).

Mit 44 Farbillustrationen von:
Ruth Fritzsche, Parthenstein/Grimma (S. 1, 5, 7, 9, 13, 18, 19, 25, 26, 29, 30, 35, 37, 39, 41, 44 o, 48, 51, 52, 53, 54, 56, 57, 60, 63, 66, 68, 71, 76, 80, 82, 88, 92, 95, 96, 102, 104, 107, 108, 110, 115, 116, 117) • Reinhild Hofmann, Königsdorf (S. 44 u).

Vignette bei den Seitenzahlen:
DEMA 1st Division GmbH, Leonberg
Die Vorlagen für die Bilder auf den Seiten 12, 17, 27, 28, 31 wurden freundlicherweise vom Antiquariat Fritz Keller zur Verfügung gestellt.

Impressum

Umschlaggestaltung von Atelier Reichert, Stuttgart.
Umschlagvorderseite: Ralf Roppelt. Umschlag Hintergrundbild: Ralf Roppelt.

Mit 129 Farbfotos und 44 Farbillustrationen. Gedruckt auf chlorfrei gebleichtem Papier.

Die Deutsche Bibliothek – CIP-Einheitsaufnahme
Ein Titelsatz für diese Publikation ist bei Der Deutschen Bibliothek erhältlich.

© 2001, Franckh-Kosmos Verlags-GmbH & Co., Stuttgart
Alle Rechte vorbehalten.
ISBN 3-440-08877-4
Lektorat: Christiane Theis
Grundlayout: Atelier Reichert, Stuttgart
Gestaltung: Guido Schlaich, München
Produktion: Heiderose Stetter
Satz: IPa Verlag oHG, Vaihingen/Enz
Repro: Repro Schmid, Stuttgart
Druck und Buchbinder:
Westermann Druck, Zwickau